混合股权对企业技术创新及其经济后果影响研究（18YJC630178）

山东省社会科学基金：新旧动能转换背景下管理层权力安排与企业技术创新关系研究（18DGLJ10）

山东省社会科学基金:新旧动能转换背景下企业技术投资选择及其经济后果研究(18CKJJ06)

网络平台的资产性质及其价值创造研究

WANGLUO PINGTAI DE ZICHAN XINGZHI
JIQI JIAZHI CHUANGZAO YANJIU

孙菁　王京　著

中国财经出版传媒集团

经济科学出版社
Economic Science Press

图书在版编目（CIP）数据

网络平台的资产性质及其价值创造研究/孙菁，王京著.
—北京：经济科学出版社，2018.10
ISBN 978 – 7 – 5141 – 9888 – 1

Ⅰ.①网…　Ⅱ.①孙…②王…　Ⅲ.①互联网络 – 应用 –
企业管理 – 财务管理 – 研究　Ⅳ.①F275 – 39

中国版本图书馆 CIP 数据核字（2018）第 241105 号

责任编辑：杜　鹏　刘　悦
责任校对：靳玉环
责任印制：邱　天

网络平台的资产性质及其价值创造研究
孙　菁　王　京　著
经济科学出版社出版、发行　新华书店经销
社址：北京市海淀区阜成路甲 28 号　邮编：100142
编辑部电话：010 – 88191441　发行部电话：010 – 88191522
网址：www. esp. com. cn
电子邮件：esp_bj@ 163. com
天猫网店：经济科学出版社旗舰店
网址：http://jjkxcbs. tmall. com
固安华明印业有限公司印装
710 × 1000　16 开　11. 25 印张　180000 字
2018 年 10 月第 1 版　2018 年 10 月第 1 次印刷
ISBN 978 – 7 – 5141 – 9888 – 1　定价：49. 00 元
（图书出现印装问题，本社负责调换。电话：010 – 88191510）
（版权所有　侵权必究　打击盗版　举报热线：010 – 88191661
QQ：2242791300　营销中心电话：010 – 88191537
电子邮箱：dbts@ esp. com. cn）

前　言

　　网络平台是信息科学快速发展和信息技术广泛应用的结果。作为公司财务范畴，网络平台的理解和解释只有从经济学视角出发，才可能科学与客观。网络平台的财务研究目前处于初建阶段，需要进一步发展和完善。近几年，关于网络平台的理论文献急剧增多，但其研究尚不深入。经济学界未就网络平台的概念和性质展开广泛讨论，更没有对丰富多彩的互联网经济模式和生产要素确认给出解释。研究表明，网络平台是利用互联网科学与技术，从第三方开发者直接购买技术所形成的互联互通的虚拟活动场所。它从时间和空间上打破实体技术市场的诸多限制，实时对接技术的供需双方，极大提高了技术获取、生产和交易的速度及便利性。技术资本化的全过程因而更加灵活、低成本和高效率。网络平台是信息技术的集合，也是一种信息技术资产。企业拥有技术资本存量的状况决定了企业未来的价值创造。网络平台资产不断呈现出动态的、开放性的特征，引领了一条可持续、累积性的技术资本创造企业价值模式，甚至是对技术资源传统研发模式的颠覆。因此，网络平台的资产性质和特征，就成为财务学理论亟待解释的新课题。

　　具体而言，本书基于经济统计数据，全方位论述网络平台的资产性质及其价值创造，共分为八章，分别简述如下。

　　第一章是绪论。主要对本书选题背景、研究问题与意义、研究思路和研究方法等逐一介绍。网络平台产生于信息技术的快速发展和广泛应用，并成为公司财务管理的重要范畴。因此，网络平台的财务性质亟待财务学给出理论解释，这是本书选题的原始动因。

第二章是网络平台研究现状。主要内容包括国内外学术界关于网络平台的研究综述、技术资本研究综述、技术资本与企业价值创造研究综述，以及网络平台在技术资本创造企业价值中的作用述评。网络平台的研究综述主要包括网络平台的兴起与演变以及技术背景。技术背景指的是信息技术及信息技术资本。技术资本研究综述中，重点评论2000~2015年美国学术界论文题目中出现"技术资本"命题的12篇文献，理论研究领域集中在技术资本命题、技术转移变化、技术资本与人力资本、物质资本的配置结构，技术资本收益和成本问题，以及技术资本的作用体现等方面。通过研读和总结技术资本与企业价值之间的经典文献，整体上看，绝大多数学者的结果能够验证技术资本显著地促进企业价值增长，且随着技术日渐积累，其对企业价值增长的贡献也日益增强。技术资本对企业具有战略重要性，不仅影响当期的价值创造水平，也影响预期的价值创造潜能。网络平台可以有针对性地强化技术投入、促进技术转化、尽可能延长技术垄断期、降低技术风险与资本成本，从而最大限度地积累技术资本，并驱动企业价值增长。这为本书第五章实证检验提供了理论基础。

第三章是网络平台的资产性质确认及网络效应的理论分析。网络平台的生存方式是建立一个有机互联的生态圈集合。这个生态圈的构建、运行和管理建立在资源基础理论、开放式创新、双边市场和网络效应等理论基础上。基于互联网等信息技术的网络平台要创造价值，从财务学来看，要使其成为一项资产，这是平台产生价值的前提。确认这是一个会计概念，需要遵循会计资产确认的程序。受现行会计准则的限制，网络平台资产被排除在会计系统之外，体现为表外资产。开发出的网络平台资源只有经过市场交易、确认产权并投入生产过程，才能被确认为网络平台资本。利用网络平台创造价值已经成为新经济环境下不可或缺的一部分，网络平台资本成为企业价值创造的核心源泉已是不争的事实。在很多世界性大公司，网络平台已密切融入企业的生产、经营与管理，发挥着主导作用。随着经济不断发展，网络平台资本的渗透力、应用性会越加扩展，潜能也越加突出。

第四章是网络平台创造企业价值的特征分析。网络平台创造企业价值具有以下独特特征：开放性与非专用性、低成本与高效率、低风险与边界模糊，以及共享性和产权灵活性。将网络平台视为现代企业的一种新兴资产，其实质是信息技术资产，该资产具有高技术含量和虚拟形态，这是网络平台与机床和房屋等实物资产的不同之处。只有把握网络平台的经济性质和特征，才可能遵循网络平台资产的规律性使其创造更大价值。

第五章是网络平台对企业价值创造的影响。本章选择 2008 ~ 2014 年我国沪深 A 股高新技术上市公司为研究样本，首先就上市公司技术资本配置、网络平台资产与企业价值相关性进行研究。其次将程萧等（Hsiao et al.，2012）构建的模型和方法运用到网络平台资产对企业价值的影响和网络平台资产本身价值的估计中。结果显示：（1）企业技术资本存量与企业当前价值呈显著负相关。（2）技术资本能够提高企业的价值，网络平台的搭建使得这些企业在其核心领域集中资源，持续地保持企业的技术资本在数量和质量上的积累，促进企业增值。（3）与不拥有网络平台的企业相比，企业网络平台搭建之初会降低企业价值，但是后期网络平台能够促进企业价值的增加幅度，并减缓企业价值的降低幅度。

第六章是网络平台与企业价值创造：实践案例研究。美国苹果公司的 App Store 平台、美国谷歌公司的 Android 平台，都是学术界研究的热点。App Store 平台开放但不开源，好处是能够保障软件开发商的利益，鼓励他们更好地开发基于 App Store 平台的应用软件。Android 平台开源但仍然强调对核心技术的持有。本章试图对这两类平台的成功要领进行理论概括，这也是本书写作初衷之一。

第七章是网络平台的财务战略价值与价值创造驱动。拥有网络平台资产的企业在其财务战略取向中一个显著特征就是价值链到价值群的转变，这是财务战略理论的新进展。平台财务战略中心不再局限于单个企业或企业集团，而是整个生态圈。于是，网络平台的财务活动就是在平台价值目标的指引下，采用先进的方法合理配置平台的资源，以提供更好的服务，即优化异质要素资本配置。网络平台创造企业价值是一种经济行为，必须要遵循财务规则。基础的财务规则是其财务基础。网络平台是信息技术，利用信息技术创造价值，前提是必须将信息技术转变为能够创造价值的信息技术资本，而且还应遵循成本规则。

第八章是结论与展望，总结并提出研究不足，展望未来研究。

作者
2018 年 9 月

目　录

第一章　绪论 ……………………………………………………… 1

　　第一节　选题背景 ……………………………………………… 1
　　第二节　研究的问题与意义 …………………………………… 5
　　第三节　研究思路与研究方法 ………………………………… 9
　　第四节　关键词解释 ………………………………………… 13
　　第五节　研究创新点 ………………………………………… 16

第二章　网络平台研究现状 ……………………………………… 18

　　第一节　网络平台的研究综述 ……………………………… 18
　　第二节　技术资本 …………………………………………… 31
　　第三节　技术资本与企业价值创造相关性的研究综述 …… 43
　　第四节　网络平台在技术资本创造企业价值中的作用述评 ……… 48

第三章　网络平台的资产性质确认及网络效应的理论分析 …… 50

　　第一节　理论基础 …………………………………………… 50
　　第二节　网络平台实践运用的起源及其演进 ……………… 58
　　第三节　网络平台中研究与开发（R&D）的网络效应 …… 62
　　第四节　网络平台的资产性质确认 ………………………… 64
　　第五节　网络平台的资本化过程及其市场价值 …………… 69

第四章　网络平台创造企业价值的特征分析 …………………… 79

　　第一节　开放性和非专用性 ………………………………… 79

第二节　低成本和高效率 ················· 82

第三节　低风险和边界模糊 ················· 85

第四节　共享性和产权灵活性 ················· 88

第五章　网络平台对企业价值创造的影响 ················· 90

第一节　理论分析与研究假设 ················· 90

第二节　网络平台对企业价值创造影响的研究假设 ········· 91

第三节　样本数据 ················· 94

第四节　模型构建与变量设计 ················· 95

第五节　实证结果与分析 ················· 99

第六节　主要结论与政策建议 ················· 106

第六章　网络平台与企业价值创造：实践案例研究 ·········· 109

第一节　美国苹果公司——App Store 网络平台 ·········· 109

第二节　美国谷歌公司——Android 网络平台 ·········· 114

第三节　本章小结 ················· 120

第七章　网络平台的财务战略价值与价值创造驱动 ········· 122

第一节　财务战略取向 ················· 122

第二节　财务活动及特征讨论 ················· 125

第三节　信息技术转化为信息技术资本 ················· 129

第四节　价值创造驱动因素 ················· 131

第五节　成本规则 ················· 133

第八章　结论与展望 ················· 139

第一节　主要结论 ················· 139

第二节　研究不足 ················· 143

第三节　研究展望 ················· 145

参考文献 ················· 149

第一章 绪 论

第一节 选题背景

一、网络平台资产概念的提出

近年来，新兴信息技术的快速发展和应用催生了"互联网＋"模式的兴起与繁荣。这是运用信息技术开展产品创新、工艺和技术创新、市场开拓创新、生产要素创新和新的工业组织创新。信息技术已经深入企业的方方面面，网络经济几乎成了新经济的代名词。现代的信息技术应用还扩展到产业形态创新和新的商业模式的创新。人们通过信息技术的不断创新和应用，可以开发出新的产业和新的生产方式。当阿里巴巴集团于 2014 年 9 月 19 日登陆美国纽交所，其首个交易日价格以 93.89 美元报收而比发行价上涨38.07％时，我国商界、学界、政界对互联网和云数据等信息技术的关注热度达到沸点。很明显，互联网企业及其信息技术的迅猛发展，已成为我国经济发展的新增长极。信息技术的创新内涵越来越丰富，创新领域越来越广阔，创新方式也越来越先进。网络平台是互联网、云数据等信息技术协同发展的产物，在网络经济下，其创新也主要集中在信息技术产业的开放源代码软件或自由软件的研发模式中。网络平台并非单纯的技术概念或商业概念，而是"信息技术"与"研发活动"的结合体。网络平台已成为企业技术创新的必要载体。它彻底改变了企业技术研发活动的生产和交易方式，提供了

1

极大的灵活与便利。于是，作为双边或多边载体的独立第三方网络平台悄然兴起。网络平台首创利用信息技术，邀请众多中小企业和个人参与研发手机操作系统的软件，参与其中的企业和个人收益丰厚，并对高新技术企业技术研发模式提出了挑战。网络平台日益凸显的价值必将引起会计和财务的关注。

传统意义的平台泛指为进行某项工作所需要的环境或条件。按照平台依托载体的不同，传统平台是实际搭建的场地，而现有平台是基于互联网等信息技术搭建的网络平台。本书中所称平台主要指后者。网络平台的迅速崛起，引发了我们对传统财务学的再思考。网络平台的性质、运作、财务管理等方面开始受到关注。在这方面，尤以美国高新技术行业领先企业的网络平台财务运作最为突出。当今的世界强国无一不是专利技术大国、商标大国和计算机软件大国。美国近年来为其经济高速增长做出重要贡献企业，主要是500家软件公司。这些著名软件公司对世界经济发展的贡献并不亚于名列前茅的世界500强企业所做出的贡献。例如英特尔、微软、苹果、谷歌等企业，它们几乎没有自己的基础性研究，但却具有极强的创新能力。究其原因，在于对信息科学技术高速发展的洞察和20多年的不懈努力，使之技术创新对一国社会产生了巨大影响。于是，一系列依托信息技术而兴起的新事物（例如大数据、云计算、物联网、网络平台等）以惊人的速度向前发展，渗透到企业生产、研发、销售、客户服务和绩效评价等各个领域。网络平台开发出一种基于信息技术创新的全新企业技术研发方式，主要由独特的技术生产、确权和交易等环节组成。这些创新环节与信息技术联系起来，改进和完善技术研发方式，创造新的价值。单伟建、戈登·沃克和布鲁斯·科古特（Shan，Walker and Kogut，1994）认为，企业应用信息技术程度越高，创新专利数量产出越多。2008年福布斯杂志"高科技十大现金之王"评选中，入选企业取得骄人业绩的一个重要原因，就是该公司拥有大量的专利技术。美欧企业几乎包揽这份榜单的所有席位。在评选出的十家公司中，美国苹果公司的表现尤为突出，2009年年底股价创下208.7美元新高，而后股价每年不断创下新高，2012年股价达到632.21美元，公司市值达5867.59亿美元。网络平台并非仅仅是大家普遍认为的信息技术的采用，而是将信息技术与企业技术的获取、生产和交易相结合，技术创新和服务创新产出为苹果公司创造了新价值。

基于财务学的视角来审视，企业要利用网络平台资源创造价值，先要使其成为一项资产，这是网络平台产生价值的前提。基于互联网等信息技术的网络平台，其自身特征决定了应划归为无形资产。网络平台是各类技术资源自主研发和外购的载体，具有无形性，难以被传统会计计量，并且投资数额大、服务效益难估计。迈克尔·哈耶特在《平台战略》一书中提出，有效平台是当今企业成功适应外部经营环境变化的必要战略资产。有学者认为，网络平台属于"多对多"的企业关系形态，其本质是界面规则，是一种专属性资产。罗福凯（2008）将"网络"视为一个可以被单独罗列出的生产要素，而这个"网络"的产生与存在，实际就是一个共享平台或分享平台的产生与发展。网络平台开始成为企业的战略性资产。网络平台被用于投资、筹资、生产和销售新技术产品或服务，以此满足消费者不断增长的新需求。故本书提出，服务于研发的网络平台是企业的一项资产，推动企业技术研发活动向更高层次发展。

二、网络平台实现企业价值增值路径

事实上，网络平台的产生基础是信息技术；发展关键是信息技术创新；价值创造在于研发、生产和交易无形技术产品或服务，如改进手机和计算机的应用软件、智能机器人产业的研发、3D 打印下载应用软件，以及传统产业智能化技术的应用和改造等；财务活动没有时空边界，每日 24 小时运营，企业主体概念在淡化，线上、平台、成员、标准、网络等概念在强化。本书中将网络平台定义为企业技术研发活动的载体，使得技术资本的引入速度加快，技术资本的存量和质量提高，创造更多的企业价值。网络平台或将成为技术资本运营的重要方式，且作用会愈加突出。

技术资本是继经济学上人力资本、货币资本和物质设备资本之后的第四种生产要素资本，"劳动、土地和资本"中的资本，已由物质设备资本扩展为包含人力资本、货币资本和技术资本的新兴资本。技术资本标的物技术资产是比机器设备更重要的企业资产。在公司财务上，技术资本亦成为企业可持续成长和创造价值的不竭源泉，并引发多位诺贝尔经济学得主的关注（例如，托马斯·弗里德曼《关于〈世界是平的〉的解释》，2006；爱德华·普雷斯科特《技术资本正在改造世界》，载《北京商报》，2009－05－02；等等）。网络平台的技术资本包括平台设计、建设性技术、平台内的技术软件等。网络平台重点突出技术资本的核心战略地位，外部获取技术资本是网络平台技术资本的新情况与新变化。外部技术被网络平台采用，及时确认产权后，被用户使用并能给企业和用户带来价值，不断提供优质技术是网络平台成功的根本，也是影响拥有网络平台资产的大型跨国企业价值创造的关键因素。网络平台极大地提高了企业技术资本存量与质量，更好地创造和实现企业价值。因此，网络平台的成功虽一定程度上归功于时代因素，但最根本的还是在于其技术资本的存储、外购和共享。

企业资源是有限的。传统的受制于物理时空的技术研发，需要企业投入大量的劳动力、资本、土地等基本要素资源以及知识、信息、技术、企业家能力、人才等高端要素资源以实现物理时空的扩张，但生产成本大、不确定性高以及风险大等特点，技术资本配置不足、增值有限。网络平台的价值创造已经超越了物理时空约束，为技术资源资本化全过程提供了新的理论指导和实践借鉴。网络平台本身并不直接创造价值，而是致力于连通需求方和供给方来创造价值。就高新技术产业来说，根据双边市场理论，网络平台的一边是消费者；另一边是对消费者提供技术软件的企业或个人（李泉、陈宏民，2008）。消费者集聚不仅形成了规模化，而且大量个性化、差异化的需求信息在平台上是完全透明、充分流动的，这吸引了供给方数以万计的中小企业和具有创新能力的个人根据这些不同的需求，专注于新技术软件开发，从而带来了供给方配给的范围经济。在网络平台上，需求方和供给方良性互动，充分体现在技术资源转化为技术资本的全过程中，技术资源的投入、生产与交易三个过程不受物理时空的限制，确保了技术研发的范围、规模与效率，为企业带来价值增值。技术资本是一种可测度的要素资本，作为企业价值函数的一个变量，其数额主要取决于技术提供者的数量、技术转化为资本的转化率和技术资产存量等。梁莱歆（2003）和张爱珠（2004）提出，技术资本的数量和质量对先进企业未来的获利水平以及发展前景均产生重要影响，并直接影响企业的生存与竞争能力。网络平台与技术资本积累之间存在一定的积极互动性，主要表现在：增强企业在研发活动中的资源和能力，同

4

时降低风险与不确定性，实现研发规模经济，缩短新技术产品或新软件服务开发周期，以快速适应不断变化的市场经济环境（Volberda，1996；Law and Samson，2001）。克雷文（Cravens et al.，1996）指出，网络平台已成为日益全球化环境下灵活提供资源并获得规模经济的重要手段之一。杰奎琳·埃斯塔德斯和谢亚马·拉马尼（Jacqueline Estades and Shyama V. Ramani，1998）也同样表示，企业技术创新正逐渐从内部研发走向网络化合作研发，且这种趋势是不可逆的。有研究表示，同不拥有网络平台资产的企业相比，与特定合作伙伴组成临时的合作网络平台的企业的产品改进率要高 20%，新产品开发率高 7%～10%，研发新技术或新服务的成功率更高，利润回报率也更高。

从财务学的角度来审视网络平台，其价值创造在于对技术资本的高效配置。技术资本存量具有明显的边际报酬递增，持续的价值增值潜力巨大。纵观近几年上市公司财报，无形资产明细中披露平台资产、平台 R&D 的企业越来越多，且其披露的开发力度也在逐年增强。网络平台已引起学术界、企业界和科技界的广泛关注，其资产性质及其价值创造特征，就成为财务学理论亟待解释的新课题。

第二节 研究的问题与意义

一、研究的问题

网络平台实际是企业的信息技术。作为信息技术的网络平台，是高新技术企业的一种核心资产和账户性资产。从技术研发、交易视角来看，网络平台是一种填补技术产品（即软件）空白的新型载体，其实质是利用信息技术进行速度更快、更直接、更有效的技术资源获取、确权和交易。面对瞬息万变的复杂环境，网络平台成功的关键之一在于能否拥有足够超前的技术资源。网络平台特别注重技术资本的生产与运营，对从第三方开发者采购的每一项技术都及时明确产权，选择恰当的商业时机投入生产，尽可能地让每一项技术高效运转。一个不争的事实是，服务于研发的网络平台对宏观经济增长和微观企业价值创造发挥着巨大的推进作用。因特网（Internet）、微软、苹果（Apple）、谷歌（Google）等企业通过网络平台这一新兴生产力，控制着全球的软件市场，软件等技术商品被发布到相应的平台上，所有的需求方消费者都可以从该平台免费或付费获取技术商品，技术商品转化为技术资本，产生了可观的经济效益和社会效益。目前，苹果商店（App Store）网络平台的下载次数超过 200 亿次，第三方开发软件的销售带动了苹果公司的企业价值的提高。基于此，本书研究的主要问题有三种。

第一，根据现有对网络平台概念及构成要素的解释，网络平台是否具有资产属性，即是否可以被界定为企业的一种生产要素，这是本书要探索和解释的基本问题。从字面意义理解，网络平台概念表面看起来比较简单，但实际上是一个比较抽象的概念，目前还没有统一的定义。网络平台被应用到各种不同产业中会有不同的表现形式。显然，对网络平台概念定义、性质确认和主要经济功能的基础研究，将成为企业财务管理研究的重要任务。

第二，大型跨国企业的网络平台实际上是将信息技术与技术研发活动相结合，为用户提供所需的各类丰富技术资源的载体。那么，网络平台是如何为企业创造价值的？从财务学的视角来审视网络平台，网络平台可为企业创造价值，一方面自身要转化为网络平台资本；另一方面网络经济下，网络平台是集技术研发、商品化和市场化阶段于一体的。网络平台促使网主企业技术资本存量和质量持续的提升，企业价值增加。网络平台通过实时协同价值网络，不仅提高技术投入、生产和交易的时间价值，同时增强了需求方对平台的黏性，巩固了需求方规模经济和供给方范围经济，打开了企业技术资本持续创造企业价值的全新视角。网络平台所具有的双边市场特征和网络效应，有效解决了技术有效期限、技术成熟程度、实施率、有效市场占有率和相关有形产品的生命周期等相关问题。

第三，网络平台的财务规则、资本配置和创造价值驱动因素与传统企业有何不同。网络平台，作为企业的一项战略性资产，必然要遵循财务规则。基本的财务规则是网络平台的财务基础。其中，讨论信息技术的资本化、成本规则和资本配置方式优化的财务规则，就显得很有必要。网络平台实际上是企业的信息技术。信息技术在转化为资本之前是不创造价值的，它仅是一个虚拟场所、框架，更进一步讲，它是一个界面。信息技术要创造价值，必须转化为具有产权性质的资本即信息技术资本。企业信息技术资本的形成是网络平台驱动技术创新和发展的财务基石。人类社会生产活动或任何财务经济活动，都是成本与收益比较的过程。信息技术更新、创造新技术产品或服务的改变，都会发生一定数额的成本。网络平台推动企业价值提高，在于信息技术的创新收益远远大于其成本。网络平台的财务研究离不开成本规则。

二、理论意义与现实意义

理论论证和部分事实已证明，网络平台的资产性质及其价值创造研究有其现实的迫切需要。具体来看，主要存在以下理论意义和现实意义。

（一）理论意义

第一，本书是对现有理论的继承和推进，从而通过网络平台概念提出新的财务理念。相关成果对改进和完善企业财务战略体系具有重要参考价值。20 世纪末以来，高新技术产业的实际情况表明，网络平台已经成为产业研究与开发（R&D）中一个日益加速过程的载体。网络平台的资产性质及其价值创造研究有效弥补了现有会计学、经济学和财务学在网络平台研究中的空白。应当说，本书的思想和观点对于以技术资本为核心竞争优势的高新技术企业而言，具有较好的参考价值。

第二，本书从财务的角度提出网络平台具有资产属性，将网络平台定义为一种信息技术资产。传统的平台被认为是跨越一个家族共享产品的物质资产（Robertson and Ulrich，1998）。基于互联网、云数据等信息技术构建的网络平台，其自身特征决定了应划归为无形资产。网络平台是计算机软件等技术资源研发、外购、确权和交易的载体，具有无形性，难以被传统会计计量，并且投资数额大、服务效益难估计。网络平台满足罗福凯（2010、2012）提出的生产要素确认判断标准。从整体来看，网络平台是企业为核心战略产品研发而设立的独立运行、可单独出售的虚拟研发中心，它通常具有很好的市场价值，也可作为一个整体对外销售或投资，增值潜力巨大。这充分表明，网络平台是一个具有价值但尚未被充分认识的企业资产。应当

7

说，这部分论述可以作为从财务视角研究网络平台的资产性质及其创造价值相关问题的重要基石。

第三，网络平台进一步推动技术研发向更好的层次发展，通过双边或多边市场效应和网络效应，形成供需方良性的互动循环，能够有效解决传统技术研发模式下遇到的问题，较系统地阐明了企业网络平台资产创造企业创造的路径。网络平台加快技术资源的外购或自主研发效率，及时明确产权，网络平台承载的技术资本存量和质量大大提高，企业价值实现增值。也就是说，网络平台这种基于信息技术创新的全新的技术研发载体，使得技术研发全过程发生在虚拟时空，突破传统物理时空的硬约束，诱致平台应用、软件等技术资源研发规模扩大、交易量提高，产生正外部效益。

第四，结合动态变化的互联网环境，本书将对会计准则改革和财务规则变革提供重要的理论指导。按照现行会计准则的确认原则，大量实际价值颇高但具有虚拟形态的资产还未被纳入会计核算的范围，使会计信息不能反映企业真实价值。本书集合经济学和财务学并加入网络平台资产，试图突破传统的会计准则和财务规则研究范围。今后，网络平台财务能否成为主流，取决于网络平台的规模化、成本降低空间以及经济效益的提升。

（二）现实意义

第一，网络平台的财务研究催生了互联网企业财务管理实践的快速发展。一些具有某些共同特征如投资大、风险高、技术或需求更新速度快的企业，其财务管理和资本收益率增长为其他企业树立了榜样。正是这些环境特征催生了网络平台资产的存在，且这些企业应用网络平台资产所取得的巨大成功，加速了网络平台在各产业中的推广和应用。

第二，网络平台财务（学界和政界又称互联网金融）的巨大市场潜力吸引了全球众多的投资者和创业者，提供了更多创业机会和就职机会。中小企业通过参与网络平台，分享知识资源、信息资源和人力资源等，不仅直接推动了其自身技术创新能力的提高，而且给自身发展带来了诸多的间接利益，如声誉、客户群。中小企业已成为一国技术创新的重要源泉。目前，我国65%的专利技术、75%以上的技术成果和80%以上的新产品研发都是由中小企业完成的。在国外，中小企业人均技术创新更是大企业的25%。网络平台为中小企业和具有创新能力的个人的创业和发展提供了机遇。

第三，网络平台财务活动有效协调了参与网络平台研究与开发的合作伙伴间不完全一致的利益追求。平台财务管理的主体经常涉及很多组织或者模块，相互间的业务往来、资金计算较多，往往还以多种状态存在，这给企业的财务管理带来一定困难。此外，平台财务管理的对象以技术、信息、知识等新兴资产为主，平台交易受技术状态的影响很大，且交易的对象存在于虚拟的网络空间，受环境变化较为突出，随时可能出现一些意外情况，影响财务活动。网络平台财务就是在平台价值目标的指引下，采用先进的方法合理配置平台的资源，以提供更好的服务。

第四，网络平台为中国企业的技术资本积累及价值创造能力的提升提供了国际经验。尽管经过多年努力，中国也具备一定科技实力，如技术专利产出大幅增长，不断涌现出技术自主创新型企业，且技术市场发展迅速，但整体上，技术成果转化为现实生产力的程度并不高。网络平台最早兴起于美国，其运营最成功的网络平台也都被美欧企业所包揽，且美国高新技术业界仍在持续进行信息技术的投资，信息技术为网络平台的发展将会创造更多的可能性。中国高新技术企业可以借鉴美国企业在网络平台的搭建、经营和管理方面的经验，提高中国企业的技术成果利用率、技术交易的速度及便利性和技术专利运作效率。在网络平台上，技术资本积累规模不断扩大，将有力推动企业价值增值。

第三节　研究思路与研究方法

一、研究思路

网络平台的资产性质确认及其如何创造价值是本书研究的重点，并通过理论分析、实证分析和案例分析表明以网络平台为载体的技术研发与传统存在于物理时空的技术研发相比的根本优势在哪里。网络平台的技术资源获取、资本配置与创造价值方式与传统企业有何不同。

本书以高新技术企业作为研究对象，提出网络平台是与大数据、云计算、物联网等一样出现在信息技术领域内的又一次技术创新（徐宗本、冯芷艳等，2014）。许多优秀的行业领先企业都在利用信息技术的快速发展和创新，于是服务于研发、生产等不同业务的平台纷纷诞生，网络平台已成为企业生存发展的必要载体。它们彻底改变了经济活动的交易方式，提供了极大的灵活与便利。本书中所称的网络平台主要指基于互联网等信息技术构建的虚拟平台，是作为技术资源（即软件）外购、自主研发和交易双方或多方载体的独立第三发开发平台。

从财务学的角度来审视，企业要利用平台资源创造价值，先要使其成为一项资产，这是平台产生价值的前提。基于互联网等信息技术的网络平台，其自身特征决定了应划归为一项信息技术资产。网络平台本身并不直接提供技术产品或服务，而是致力于连通需求方与供给方，突破传统的物理时空约束，在虚拟时空筹集各类资本，具体表现为：信息技术为基础和核心，技术资本的筹集与投放起主导作用，其他异质资本优先考虑技术资本的配置需求。目前，网络平台的技术获取方式主要是外部购买，相比内部研发具有成本低、风险小、效率高等优势，应作为技术资本优势形成的长期战略基础。技术资本筹集渠道的根本性调整需要其他异质资本的密切配合。网络平台突出资产的独特性、共享性、时代性需要，或将成为企业尤其是高新技术企业和互联网企业最有价值的资产。网络平台扩宽了网主企业（具有网络平台资产的企业）技术资源的获取能力与渠道，追求技术资本存量综合边际产出的最大。目前技术资本与企业价值创造研究方面的文献还不是很多，但就已有的文献来看，技术资本与企业价值创造存在这样一个假设：技术资本存量与企业价值创造存在正相关关系，技术资本存量越多，企业价值越大。网络经济下，企业要提高其在市场中的地位，就必须最大化其技术产品的研发效率和应用水平。于是本书选取 2008 ~ 2014 年我国沪深 A 股制造业上市公司为样本，在对网络平台资产是否能够影响技术资本与企业价值之间的相关关系时，我们对样本进行分组检验，分组的标准是设置虚拟变量，共分为两组，一组是具有网络平台组；另一组是不具有网络平台组。研究结果显示，具有网络平台资产组的企业，技术资本配置越高，企业创新能力越强，从长期来看，对企业未来的价值呈正相关关系。美国苹果公司的 App Store 平台的发展历程就是网络平台在软件研发领域发展进化的历史。因此，在实证检验后，笔者通过对苹果公司 App Store 平台和谷歌公司 Android 平台构建、运行及财务运作进行研究和分析，试图挖掘出各自的成功要领并进行理论概括，并为第七章财务理论研究增添更多网络平台资产方面的内涵与要点。本书基础技术路线如图 1 – 1 所示。

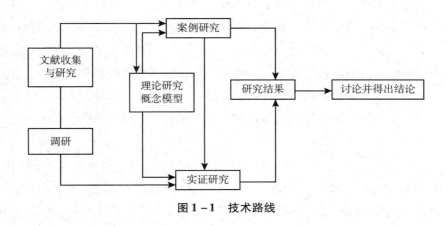

图 1 – 1 技术路线

二、研究方法

本书主要采用了文献研究、案例研究和实证检验相结合的研究方法，对本书的研究思路进行了系统阐释和论证。

（一）文献研究

这里主要分为四大部分，一是网络平台的研究综述，包括网络平台的兴起与演变、网络平台的技术背景（信息技术及信息技术资本研究综述）；二是技术资本研究综述；三是技术资本与企业价值的研究综述；四是网络平台在技术资本创造企业价值中的作用述评。互联网经济时代，网络平台的构建已经成为企业满足客户多样化需求、增加用户黏性、扩大市场机会、提升企业价值创造能力的重要载体。迈耶和塞利格（Meyer and Seliger，1998）把平台方法应用到计算机软件产品的研发当中，并创新性的将平台视为一种资产。加伟和库苏马诺（Gawer and Cusumano，2014）认为，互联网技术已经融入传统产业的生产和经营当中，平台一词已经无处不在，并指出平台具备网络效应和多边市场特征。技术资本，作为一种独立的新兴资本形式，近年来频繁出现在外国经济学与管理学文献之中。罗福凯（2008）通过对我国高端装备制造业上市公司进行实证研究，发现技术资本的贡献能力小于实物和人力资本对企业价值的贡献能力。通过仔细分析文献，笔者发现研究者仅考虑技术资本对当期绩效的影响，忽略了滞后性，且对资本之间的内生性考虑不周。因此，技术资本与企业当期价值无明显相关性，仅与滞后期价值显著相关。集合这两类文献资源，推定出技术资本与企业价值的关系设想：技术资本对企业价值具有明显的正向促进作用，技术资本的积累量越大，企业价值越高。网络平台使得企业技术资本经营方式更加灵活。杰奎琳·埃斯塔德斯也同样表示，企业技术创新正逐渐从内部研发走向网络化合作研发。

（二）案例分析

网络经济下，微软、Apple、Google 等企业通过网络平台这一新兴生产力，控制着全球的软件市场，应用、软件等技术商品被发布到相应的平台上，所有需求方消费者都可以从该平台免费或付费得到技术商品，技术商品转化为技术资本，产生了可观的经济效益和社会效益。网络平台的兴起和发展是实践优于理论。在这方面，美国苹果公司、谷歌公司无疑已站在了产业的最前沿。在它们提供的平台上，不仅贡献了核心技术，还贡献出了数量庞大的用户，吸引众多创新型中小企业和具有创新意识的个人，收益丰厚、影响非凡。案例分析充分揭示网络平台对企业的价值，揭秘互联网经济时代驱动企业价值创造和价值实现的关键动力和网络平台的资产性质。

（三）实证检验和模型设计

本书基于网络平台的视角，利用 2008～2014 年信息技术类上市公司为样本，分别采用面板数据和程潇等（Hsiao et al.，2012）构建的模型对基于网络平台的技术资本与企业价值、网络平台与企业价值之间的关系进行检验。研究结果表明：（1）技术资本与企业当前价值显著负相关。具有网络平台组，技术资本对企业当前损益的影响负相关程度越高。（2）技术资本配置越高，企业创新能力越强，对企业未来的机制正相关。具有网络平台的上市公司，网络平台的创建能够促进技术资本对企业未来价值的创造能力。（3）与没有网络平台的企业相比，企业网络平台构建之初，会降低企业价值，但是后期网络平台能够促进企业价值的增加幅度和减缓企业价值的降低幅度。

第四节 关键词解释

一、网络平台

网络平台是指大型跨国企业主要借助于外部资源进行研发，企业只是搭建一个资源整合的平台，通过互联网等信息技术管理、控制研发的过程。整个创新过程参与的资源大多来自企业外部，特别是研发人员。网络平台带来了技术创新方式转变，大大提高了企业技术创新的效率和效益。网络平台引起的企业技术创新活动变化主要包括：（1）网络平台替代技术研发成为企业的主要隔绝机制；（2）网络平台成为企业的异质性资源，并对应用、软件设计起到决定性影响；（3）跨界协作研究与开发新技术或服务成为新常态。可以说，工业经济时代，最有价值的是技术和资源，互联网时代最有价值的就是网络平台。网络平台是与大数据、云计算、物联网等一样出现在信息技术领域内的又一次技术变革（徐宗本等，2014）。网络平台是信息技术，也是企业的基础资产。

网络平台具有三个明显特征：一是互联网技术的作用明显。网络平台最大的特点就是借助互联网，通过互联网将人力资源、信息资源、知识资源、技术资源都联系起来，虽然大型跨国企业在产品研发中仍然处于主体地位，但不再表现为资源的供应量上。互联网的介入使得社会上的各种资源都可以随时被企业获取和利用，包括隐藏在互联网后一大批研发力量。这群研发力量也许在现实生活中已经在其他公司拥有身份，但是进入互联网之后，他们有了一个新的虚拟身份，他们的现实合同对于虚拟世界中的他们除了职业道德约束已经没有意义，他们就可能成为自由的研发力量，游荡在虚拟研发网络平台中。二是大型跨国企业自身的技术研发部门在网络平台中也只是虚拟研发中心的一员，不再处于绝对的研发垄断地位。研发部门的研发功能被淡化，取而代之的是企业组织调解和资源整合的功能。研发部门在研发过程中采取只掌握大的研究方向，灵活运用网络资源，不限制网络中技术人员的研发创新力，提供绝对的支持，旨在为客户持续不断地提供颇具创新力的虚拟技术产品或服务。三是在网络平台中易于产生创新思维的碰撞，在技术创新方面的效率和效益很高，易为企业带来价值增值。技术作为一种重要资源，特别是软件积累，在网络平台上的流动速度加倍。网络平台将技术研发和市场挖掘同时结合在一起，不仅会促进对外部技术吸收，也会推动企业自主技术创新，提升了企业技术资本存量和质量，技术资本收益率持续增长，企业价值增加。

二、技术资本

技术资本被看做是无形的、软性的，是传统要素资本的一种外延。对于技术资本的基础概念，艾伦（Ellen，2009）和爱德华（Edward，2010）将其定义为专利、非专利技术、商标及其他一些技术部门等。罗福凯（2014）认为，技术资本是投入生产过程中的各种技艺、技能、技巧以及术用载体，如高技术含量的人工文件、人工制品以及人的特别行为等。从企业对外披露的信息内容来看，技术资本包括研发形成的技术诀窍、系统软件以及相对独立的研发中心、开发性支出、技术使用权等。从会计学视角来看，要素资本平衡表里的技术包括专利技术、专有技术、技术研发机构财产、计算机软件，且技术资本的价值潜力、创造价值的现实能力及其资本收益率，当属第一。应注意，这里没有提及"知识"。很明显，国内外学者都注意到了技术与知识的差别。

按筹集渠道划分，技术资本可以分为原创技术与外购技术。前者由专利、非专利技术、研发中心与开发支出组成。这部分技术难以被模仿和替代，最具稀缺性。按照资源基础理论，企业通过提升核心优势能够获取超额价值。后者包括系统与软件、技术使用权，多为二手成熟技术，排他性较低，但易于被掌握与运用，依据"干中学""用中学"的理论，此类技术在应用过程中能够产生直接与间接的学习效应，提升技术开发人员、技术操作人员的设计、办公水平与生产技能，改善研发与管理效率，扩展生产可能性边界，上移生产函数。实证研究发现，专利、开发支出、信息系统、软件、信息技术等对企业价值具有促进作用，且随着技术投入的增加，边际贡献递增，其边际生产率比人力边际生产率还要高。

三、企业价值

企业价值是财务学界关注的焦点。财务学上的价值是凝结在商品中生产力资源被社会接受的程度及其效果。生产要素经过市场交易过程被企业购入之后，变为要素资本。各种要素资本价值及其增值形成企业的财务价值。企业财务活动创造价值的必要条件是公司拥有一定量的要素资本。要素资本的投入量与财务效率之乘积等于企业价值。而单一要素资本财务效率的提高主要表现在企业提高实物资产质量，改进和革新生产工艺过程，加快技术进步和技术扩散，增强劳动者技能等。换言之，财务效率的高低主要取决于要素资本成本的大小。在要素资本不变的情况下，财务效率越高，企业价值越大。

伴随技术资本的日益重要及不断积累，如何有效利用技术资本促进价值增长在国内外早已引起众多学者的关注。传统经济条件下，企业价值被认为更多地取决于其所代表的有形资产数量。这是因为在传统经济条件下，有形资产相对于无形资产处于更为稀缺的地位，企业产品所包含的知识与技术含量不高，在竞争中居于核心地位的是有形资产而不是无形资产。在新经济条件下，企业价值愈发依赖以知识、信息和技术形态为主要代表的无形资产。无形资产存在边际递增效应，因此，企业价值被确认取决于更多无形资产数量。无形资产的存量和质量成为衡量企业价值主体，企业有形资产的多少居于次要地位。罗福凯（2014）进行了有关的理论探索，发现了技术资本的生成流程为：生成技术成果、确认技术产权、经过市场交易。技术成果只有产权清晰，并且成功商业化后才能转化为技术资本，与其他要素资本一起参与价值创造。新经济环境下，技术不仅是价值的组成部分，还是价值创造的重要来源。事实和大量理论研究已经表明技术资本有助于提升企业价值。随着技术资本的积累，越来越多的企业将其视为价值创造的发动机，开始利用技术资本获取企业价值。

第五节　研究创新点

网络平台是近几年才被提及的概念，最初创立时实际上就是用西方已有的信息技术与独特的先进技术研发理念相结合进行技术创新，为用户提供所需的各类丰富技术资源。信息技术的飞速发展为网络平台提供了技术支持。网络平台的发展依赖信息技术的不断创新。一定程度上，网络平台资产的综合边际产出效益是由技术的先进性与更新及时性、信息的种类与质量（如准确、及时、安全等）、知识理念的独具匠心以及高级人力的能力与勤奋共同决定的。网络平台将技术、信息、知识、人力四种异质性要素完美结合在一起，在短时间内，以技术更新为依托，渗入先进的知识理念，利用平台各参与主体提供的技术创造了骄人业绩。网络平台的成功虽有一定的时代因素，但最根本的还是其拥有丰富的技术资本，能够随着外部环境的变化自主开发技术或外购技术，维持并提高技术资本的存量与质量，直接影响企业价值创造和价值实现。网络平台在很大程度上已引起学术界和企业界的广泛关注，并逐步应用到提高企业技术资源资本化全过程中。本书的创新点有：

一是基于财务学的视角，提出网络平台是网络经济中有价值但尚未被充分认识的资产，该命题是一个重要的财务理论创新。基于互联网等信息技术的网络平台，其自身特征决定了应划归为信息技术资产。企业要利用网络平台资源创造价值，先要使其成为一项资产，这是网络平台产生价值的前提。

二是对具有网络平台资产的上市公司而言，技术资本配置与企业当前价值负相关程度更高，但与企业未来价值呈显著的正相关关系。技术资本存量属于无形资产投资，需要进行会计上的计提摊销和减值处理，并占用一定数额的资金成本，故技术资本存量对企业当前价值呈负相关关系。技术资本积累提升是一个循序渐进的过程，企业从外部引进一些重要技术通常需要经历较长时间，才能将它们真正融入企业的技术资本体系中。网络平台加快了技术资本的融入速度，并降低了长时间在现实中面临的高成本、高风险、外部性、复杂性和不确定性等技术研发问题。因此，从长期来看，具有网络平台资产的企业，技术资本配置越高，企业未来价值越大。

三是深入研究和掌握网络平台的财务战略取向、价值创造驱动因素及信息技术资本化、成本规则和资本配置方式优化等财务规则。本书成功探索出一条网络平台财务的实践路径，引发了我们对传统财务学的再思考。

第二章 网络平台研究现状

网络平台作为技术资源转化为技术资本全过程在虚拟时空的载体，是当代企业价值创造的关键要素，且已成为一项核心资产。开发、应用和管理网络平台资产是全球经济发展的一个优势条件。网络平台资产及其释放的巨大能量已成为各国新技术增长和企业价值创造的核心驱动力。

本章首先重点评论 Eleviser、Jstore 等期刊中论文题目里出现"平台（platform）""信息技术平台（information technology platform）"的文献，对其进行研读、考察和分析，试图寻找国内外主流经济学家在网络平台理论研究中的主要方向、概念理解、内容构成要素、研究体系和方法，以及网络平台对各国经济发展和企业价值创造的作用。其次基于财务学视角，网络平台资产增值过程，实质是网络平台上的技术产品或服务转化为技术资本的过程。资本本质上是一种生产要素。美国企业的技术资本积累量及价值创造能力居全球第一。技术资本及其收益是美国经济增长的新源泉。本章重点评论 2001～2015 年美国技术资本理论研究的新成果。再次由于现有文献对技术资本的关注偏少，其对企业价值的作用机理更是研究洼地，本章将全面回顾技术资本、企业价值以及两者相关性方面的经典文献，进一步厘清两者之间的关系。最后本章将对网络平台在技术资本创造企业价值中的作用进行述评，以厘清全书的脉络逻辑。

第一节 网络平台的研究综述

一、网络平台的兴起与演变

网络平台的概念是在平台概念的基础上发展而来的。平台的概念由来已久，并且经历了从实体平台到虚拟平台的转变，欧洲的"市集"，中国的"农贸市场"，都是实体平台的具体形态，而集合了各类品牌商店与需要一站式购物消费者的现代购物商城是虚拟平台的鲜明代表。随着信息技术的快速发展，网络平台概念、应用领域得以扩展、内涵得以丰富，且已应用于信息技术产业中自由软件的设计和研发。网络平台利用计算机技术和网络技术进行技术的网络化研发和外购，可以有效地降低交易和生产成本，很大程度上推动技术转化率的提高和技术资本的积累。企业自身也成为网络平台的一个组成部分。

自信息革命以来，围绕计算机技术、互联网（包括移动互联网）技术的巨大变革，新兴的互联网产业自出现开始就带着明显的平台烙印，但目前经济学家多数仅将其作为一种商业模式创新来对待，而没有从企业资产的角度进行定义和研究。冯旭等（2011）认为，平台是组织或个人以技术创新为目的，通过互联网等新兴技术让分散的、自发的、海量的技术创新资源被整合起来，超越组织边界和地域限制的大众参与的开放式创新模式。这里侧重的是商业模式方面的创新。布伦斯汉等（Brensnahan et al.，1999）通过对30年信息技术行业市场结构的研究指出了开放式创新对技术创新的重要性。杰弗里等（Geoffrey，2011）进一步研究了如何设定开放的程度和何时增强约束来加强对技术平台的控制，以增加利润和推动创新。最早的平台主要是指计算机的操作环境，后来将其引入网络经济领域，出现了产品平台、技术平台，信息平台和管理平台。平台战略发端于研发管理中产品平台的概念。产品平台是产品创新活动集成化发展的结果，而产品创新活动是一种集成化的企业技术经济活动，它需要通过整合信息、技术与管理，实现产品创新从派生型到平台型的递进。从国内外学者已有研究可以得出：产品平台是企业有序发展的客观需要，它不仅是产品后续研究与开发的基础，也是企业不断发展和深化其核心能力的产品创新战略。产品平台具备三个特征，即模块化结构、界面（模块相互作用和交流的架构和接口）和标准（模块遵循的设计原则）。王毅等（2004）则一步提出了产品研发中的平台战略，并将其与企业的核心能力建设和竞争优势提升结合起来。如今的平台，学者们多是将其视作一种新的商业模式，纳入经济学中。在罗伯逊和乌里克（Robertson and Uric，1998）提出的产品平台概念中，他们认为，产品平台是一个产品系列共享资产的集合，这些资产可以分为四类：零部件、工艺、知识、人员与联系。这个定义对产品平台的范围限定过于宽泛，使产品平台不仅包括了构成产品的要素，也包括了为实现产品而需要的能力要素。迈耶和拜克（Meyer and Utter back，1993）明确提出，产品平台是一组产品共享的设计与零部件集合，而这组共享一个共同的产品平台，具有不同的性能与特征，满足不同用户需求的一系列产品就是产品族。因此，一个坚实的平台是成功产品族的"心脏"，是一系列紧密相关产品的基础。迈耶（Meyer，1997）指出企业要对产品平台更新进行系统规划与实现，并论述了平台更新的五种策略。迈耶、特尔扎基和莱纳德（Meyer，Tertzakian and Lehnerd，1997）提出测评平台 R&D 绩效的方法，它适用于技术型公司评价不断发展、更新的产品族。随后，迈耶和塞利格（1998）把平台概念从有形的物质产品拓展到计算机软件产品，进一步拓宽了平台方法的应用范围。产品平台不同于平台产品，主要是指现有产品和工艺技术方面的重大改进（Clark and Wheel-wright，1993）。项保华等（2000）将产品平台的概念引入信息技术行业，并指出企业可以将信息技术产品的公共部分形成核心平台，并做出开放的系统接口，引入外部的创新资源进行平台建设，这将平台战略与开放式创新的理念进行了初步的结合。产品平台的主体不仅包括企业，还包括政府、行业协会、社会组织等，对于重大的产品创新项目，需要集成多方面的力量共同攻关，因此，产品平台的多样性便表现出来。

技术平台是技术因素占主导地位的平台，指的是在某一产品领域，设计、生产和制造一系列相关产品可以共同利用的技术，其包括技术原理、设计方法、生产工艺及关键设备等。由于产品创新最大特点表现为多种科学技术的集成和多种设计方法的集成，以技术为核心的产品创新，使得企业能持续不断地推出高水平和高质量的新技术产品或服务，进而提高企业的技术开发能力，因而产品开发中多技术的集成界面就构成了产品创新活动的技术平台。信息平台是产品创新的支撑系统和交流平台，它将分散于各部门、各员工、各价值链中的信息，以及隐含在企业与外界包括供应商、经销商、顾客、社交媒体、政府部门等的交流信息进行编码化，促进新技术产品或服务研究与开发过程中内部信息的交流以及与外部群体信息的交流和共享。管理平台是指集成各种管理职能、管理方法和管理行为，是促进企业产品创新活动系统有序的基础载体和影响研究与开发过程效率的最大环境背景因素。产品创新的成败很大程度上取决于管理平台的运作效率。

随着网络平台的不断发展，其应用领域和范围逐步拓展，在工程设计等学科也引起了广泛关注，但在这些学科中更多是关注网络平台的作用，多从载体角度进行研究和分析，仍然没有将其作为一种企业资产。工程设计领域的学者认为平台是技术系统或者技术体系的结果（如复杂的信息和通信技术系统），并研究其如何导致创新（Gawer，2014）。威廉等（Wilhelm et al.，1997）以大众汽车为例，分析了"平台"与"模块化"间的关系，认为它们能够提高企业生产效率，即平台的模块化特征是增强创新的重要途径（Langlois and Robertson，1992）。在这方面，（标准化）接口是至关重要的，因为它们促进模块化技术系统（Schilling，2000）。马福特（Muffatto，1997）认为，平台能够帮助企业缩短产品或服务的研发周期。可以看出，在现代工业领域，网络平台就是将生产过程中通用的要素进行整合并模块化，以便不同生产环节共用，从而提高生产效率。反观经济学家，他们研究的是如何设置这样的接口或平台。平台可以被设置在市场、层次结构、市场和层次结构的杂交组合和虚拟网络组织中。当平台被设置在市场上，平台备受单个企业或联盟企业的推崇，但往往会发生平台争夺市场主导地位的现象（Shapiro and Varian，1999a）。发生在市场中的平台竞争则经常受到网络效应的影响（Farrell and Saloner，1985；Katz and Shapiro，1985），也就是说，平台价值的增长在于更多的客户。Apple 的 App Store 平台，改写了整个商业的生态，构建了一个新的商业生态系统。在苹果提供的平台上，不仅有核心技术，更重要的是在这个平台上苹果贡献出了庞大的苹果用户，为软件开发公司和个人开发者销售软件提供平台，这对创新型中小企业和具有创新意识的个人最具有诱惑力，所以苹果能够说服开发者单独效力于自己的平台，也能够得到合作伙伴的追捧，并通过合作伙伴获得自己的商业利益。技术管理领域的学者们都试图解释平台战争的结果通过识别因素对于平台选择给定的经济市场机制，如网络效应的发生（Schilling，1998；Suarez，2004；Van de Kaa，Van den Ende，De Vries and Van Heck，2011）。当平台设置在企业层级中，学者们不仅讨论技术平台的内容，试图对特定方面达成共识，学者们还关注平台的开发过程。例如，尼克森与祖穆伦（Nickerson and ZurMuhlen，2006）

关注平台所形成的生态系统。许和莱泽（Hsu and Leiser, 2006）从网络视角考察现象，应用电路的权利框架来理解平台的开发。莱波宁（Leiponen, 2008）应用社会网络理论的理论透镜来了解通信交流的平台开发。平台不仅被可以设置为市场和层次结构的交互组合（Farrell and Saloner, 1988; Funk and Methe, 2001），还可以被设置为"网络组织"（Powell, 1990），这个可以与缪勒（Mueller, 2010）的"网络管理"相比较。它包括宽松的从属关系的组织和个人，依靠正规化的互动来追求合作目标的实现。无线身份验证和隐私的基础设施（WAPI）是一个平台，它是由几所大学、一个公司、一个委员会、研究中心和政府组织联合开发的（Van de Kaa, Greeven and van Puijenbroek, 2013）。

巴伦和希斯韦尔德（Ballon and Heesvelde, 2010）根据平台对价值的控制形式区分了四种平台类型。他们认为，平台具有关键的看门者（gatekeeper）的作用，但这并不意味着平台要对顾客施加控制，或者必须要控制给顾客带来价值的资源或服务。第一种类型的平台远离最终的价值主张和顾客关系，可称之为中性平台（neutral platform），这意味着平台不控制任何有利于获得价值主张的资源，也不建立顾客关系（即没有顾客锁定机制）；支付工具贝宝（PayPal）和搜索引擎谷歌均是该类平台。第二种类型的平台可被命名为经纪人平台（broker platform），这种平台依赖于其他的成员并控制了获取价值主张的大部分资源，而且整合了顾客关系，拥有海量用户，例如Facebook和eBay都是此类平台的代表。第三种类型的平台是使能者平台（enabler platform），这种平台直接控制大部分获取价值主张的资源，但让第三方管理和控制顾客关系，Intel平台便是这样的一个例子。最后一种平台类型是整合者平台（integrator platform），同时拥有资源和控制顾客，但这种平台还同时鼓励第三方加入平台，促进平台发展，包括微软的视窗操作系统或者苹果的iPhone、iPad。整合者平台是本书提出的"网络平台"的研究基础。

目前，关于网络平台的理论研究尚处于起步阶段，有关网络平台的概念、构成要素、平台性质及平台创新驱动与创新途径等核心问题在理论界也处于一种"百花齐放、百家争鸣"的状态，没有形成被普遍接受的一致性结论。但不可否认的是，在世界范围内，网络平台概念已被广泛应用，而且其作为企业资产的性质也得到了越来越清晰的体现，基于企业资产性质的各种创新也如火如荼，在生产、分配、交换、消费等环节发挥着越来越引人注目的作用。与之同步，要素资本理论也得到了进一步的发展，一种新兴要素资本理论逐渐为学者所关注。纵观现有的研究文献，已有学者将网络平台视为大型跨国企业的一项信息技术资产，并将其定义为是利用互联网技术等现代信息技术获取、内化、吸收和利用海量的分散化的闲置资源，以此满足企业多样化经济活动的一个载体。根据要素资本理论，新的生产方式、新兴产业的兴起会激发人们对新技术的需求与探索，进而各种技术被研制出来，之后经过产权确认，被不同的主体自由选择、买卖交易并投入生产领域，转化为技术资本，参与价值创造。从理论的发展逻辑来看，网络平台是对技术要素资源资本化的再优化，实现了投入资源和环节的再配置、交换环节的创新以及产品和服务的深度消费或者再消费。同时，从社会生产的实现主体来审视，网络平台逾越了单个经济主体的概念框架，延伸到经济主体之间的联系。

从生产环节来看，传统分析方法基于单个经济主体内部，生产函数是投入诸要素自变量的因变量。从网络平台视角出发，为了更好、更有效率地使用投入要素，生产函数的单个经济主体可以拓展到基于多个经济主体间的组织结构变革，以实现投入要素的效率最大化。网络平台突破了单个经济主体对于投入生产要素（技术资本）的使用，把投入要素放在更宽的多个经济主体视野，从而更大化利用和使用生产要素，获得更大产出，实现产业效益的最大化。

从分配环节来看，传统理论分析和关注的重点是产权明晰的现代企业制度中分配机制的修正。事实上，随着经济社会的发展，基于国内外视角，充分利用网络平台理论来创新认识和实现初次分配、二次分配以及三次分配的公平，是一个非常重要的课题，这也是分配环节的平台模式。

从交换环节来看，传统分析更多关注的是市场机制的建立和完善，更加注重交易主体主权的保护、交易标的物的真实合法和交易规则的合理有效。就目前而言，这也是非常重要的关注点。以网络平台为研究视角，交换环节的网络平台模式更多的是标的物的有效利用。传统交换环节认为，一个商品，当它实现了所有权（或者使用权）的交割时即为价值实现。无论从资源节约角度还是从经济角度而言，二次交换或者多次交换将会释放剩余的使用价值。同时，交易环节的费用降低也更容易实现并完成。例如，通过信息技术平台的优势，大幅降低交易主体之间的信息不对称，运用长尾理论和边际成本递减理论，低成本扩展市场空间和扩张市场份额，企业未来发展的潜力和空间极大。

从消费环节来看，消费环节是产品使用价值最终实现的环节，消费环节也为再生产环节创造动力，否则将会阻碍生产力的发展，因此，消费也成为经济学家关注的核心经济增长指标。传统的交换环节和消费环节是不同的两个递进环节，但从网络平台的视角出发，最终目标不能再简单表述为消费，而应该是使用价值的全消费，当消费品不能物尽其用时，可以进行再消费。网络平台视角下，产品的供给者与消费者之间的界限更加模糊，二者甚至都能以分享者的身份存在。同时社会生产过程中的交换环节和消费环节的界限也开始模糊，消费环节的不完全消费将导致消费品转换角色进入交换环节，从而实现商品使用价值的最大化和最优化。

网络平台引领了一条可持续、累积技术资本创造价值模式，甚至是对传统技术资本中的应用、软件开发模式的颠覆。罗福凯（2014）提出，技术资本存量取决于技术成果产量、技术确权及转化程度。网络平台通过将生产、分配、交换和消费四个环节实现网络化，深刻影响着技术资本存量，并最终导致企业价值发生变化。麦克格拉斯（McGrath，1995）认为平台是生产过程中的一些共用要素的集成体，并贯穿于企业整个生产过程。由此得出，平台的本质涉及两个关键点：一是对共用资源的"集成"；二是将这些资源"共享"于不同活动。吴贵生等（2000）将网络和技术外包表面看似独立的两个问题联系起来以理论概述的形式加以系统阐述，并特别提出了以技术能力为核心的创新网络的结构模型。这也是我国网络平台研究方面最重要的文献之一。萨克森尼（Saxenian，1994）认为硅谷的成功与具有很强本土植入性的区域网络是分不开的，这个网络让成员可以讨论共同的难题，找到解决方法，以及确认彼此的角色。这些成员之间的关系还可以提供一些额外的资源，而这些资源是单个企业无法得到的（Portes and Sensenbrenner，1993）。因此，网络平台的主要优势是：为企业创新提供更多的创新资源，企业可以充分利用内外部的创新思想；缩短研发周期，网络平台可以有效集聚社会技术资本资源，较快地完成产品研发，这比企业单独自主研发的速度快得多；降低研发风险成本，提高研发成功率。网络平台影响企业技术研发和外购的研究尚处于起步阶段，是伴随着信息技术，特别是互联网技术和移动互联网技术的不断提高而发展起来的。国内外学者对于这方面的研究甚少，大多是停留在案例研究，尽管有些学者进行了实证分析，但是其研究所使用的数据主要是通过专利网络、问卷调查或访谈所获得，真实性和可靠性还有待验证。

二、网络平台的技术背景

网络平台是信息技术发展下的成果之一，是知识经济下企业网络化研发领域中应用最为广泛的工具。网络平台实质上代表着一种全面的研发变革，是一种研发流程再造，是企业研发模式的创新。网络平台应用于企业开发、生产、销售和服务的全过程。在我国，网络平台还处于初级阶段，但已有相当多的企业认识到网络平台的重要性。在现代社会，各种各样的技术手段使得企业拥有比以往更大的自主性，但企业创新的关键在于以什么样的方式来开发和利用这些技术手段。信息技术的发展为网络平台的搭建、运营及管理等方面提供了技术上的可能。需要特别指出的是，网络平台已不再是单纯的信息技术手段，它可以突破现有研发模式，在其基础上实现技术创新资源整合，从而优化企业的技术创新体系。也就是说，信息技术仅仅是网络平台用以提高企业创新能力的技术工具，而不是全部。传统存在于物理时空的技术研发模式向网络平台研发模式转变不仅仅是信息技术问题，它更是一个重新建立市场渠道、客户关系、合伙人关系等企业战略和管理问题。网络平台作为一种新生事物，其经营与发展缺乏可以参考的成熟模式，本书仅讨论和分析其技术背景——信息技术。

信息技术，狭义上被定义为计算机技术、通信技术、网络技术和电子技术。广义上，信息技术是指运用信息科学的原理和方法来研究信息的产生、传递、处理的技术，这是一个很宽泛的概念，涉及了许多领域。可将其归纳为信息获取技术、信息处理技术、信息传递技术和信息应用技术四大类。信息技术符合财务会计准则委员会（FASB）对无形资产确定的每一个标准，企业会把信息技术作为资产纪录在账簿上。

在经济增长理论中，经济学家认为信息技术在学习范围、知识生产、扩散以及创新方式等方面发挥着重要的作用（Krueger，1988）。信息技术可以优化传统的学习习惯，进而提高当前制度运行的效率，具有知识替代的功能。一些学者认为，信息技术在提升生产经营绩效和生产率方面具有重要的作用（Gaudette，1995）。布林约尔森（Brynjolfsson，2000）发现，信息技术能够提高要素生产率，特别是在新组织和新生产过程形成中。信息技术发源于美国，其在这方面的应用也领先于其他国家。应用信息技术至少可以从三个方面提高企业的灵活性：（1）信息技术能够改善工作的时间和地点，从而放宽工作必须在某时、某地完成的限制和约束；（2）信息技术可以提高业务中的信息处理速度，从本质上提高工作的速度；（3）信息技术可以使企业快速反映市场条件的变化。信息技术对企业的影响越来越大，表现为能改善企业生产效率、帮助企业进行产品创新、建立新的销售渠道、更好地为顾客服务等。随着信息技术应用领域的不断扩大，信息技术在企业中的作用不断提高，信息技术及信息系统几乎像劳动一样无处不在。如何更好地发挥信息技术的优势使之更好地为企业所用，就需要企业进行必要的信息技术投资。

信息技术投资是指企业在现有的人力、资金、实物等有形资源以及信息、知识等无形资源的基础上，在业务运营与管理诸多领域充分投资信息技术的发展成果，进而利用这些信息技术成果对业务流程、组织结构及管理方式等进行改造，从而获得更大的企业绩效和持续竞争优势的过程。近年来信息技术投资的逐年增加，信息技术投资对企业的绩效影响成为值得研究的问题。国内外经济学家对此进行了大量的研究。企业是市场经济最活跃的主体。传统理论认为，信息技术应用可以增强企业的技术效率、缩短产品生命周期、提高应变能力等，以此满足技术变化节奏的加快、买方市场的日趋强化、环境动荡的时代要求等。这些研究大致可以归结为三类：一是信息技术投资对企业绩效、利润的影响；二是信息技术投资对生产率的影响；三是信息技术虽作为一种独立的生产要素，但其对经济增长的贡献是通过与其他生产要素的相互作用来达到的。

首先，信息技术投资对企业绩效、利润的影响研究成果有：随着信息技术投资的大量增加，人们越来越关注信息技术投资的经济和商业价值，许多的学者围绕信息技术是否能带来相应价值进行了大量的研究。布林约尔森等的研究成果被视为对信息技术的积极经济价值最权威证明，布林约尔森也是该研究领域最受尊重的学者。在布林约尔森等研究的基础上，曼尼卡（Manyika，2011）提出，自 1995 年推广互联网技术应用以来，美国劳动生产率增长大约有一半来自信息技术的投资和应用。尽管布林约尔森否定了信息技术的"生产率悖论"，但国家宏观数据仍然表明，20 世纪 70 年代以来，信息技术的投资在快速增长，但经济生产率没有得到快速提高。乔根森和斯蒂罗（Jorgenson and Stiroh，1999）的估计是，虽然信息技术对 20 世纪 70 年代之前的经济增长实质上没有什么贡献，但自 70 年代后期起，在其他要素贡献大幅下降的时候，信息技术的贡献却在一直增大。奥利那和西切尔（Oliner and Sichel，2000、2002）的研究支持了这一观点，并发现信息技术资本存量在总资本中所占的比例大幅度上升，同时，信息技术投资对经济增长的贡献也大幅增加了。具体来说，信息技术生产的技术进步导致信息技术生产效率提高；信息技术生产效率提高会引起信息技术价值下降，而这种价格的下降，会导致信息技术应用产业中的企业大规模投资于信息技术，以替代其他投入要素，结果是每个劳动者的信息技术平均拥有量大大提高，最终导致经济增长。

其次，在增长经济学领域，根据新古典增长理论和新增长理论，作为投入要素的信息技术对经济的总产出和生产率的提高发挥着重要作用，但信息技术作为一种生产要素具有十分独特的经济特征，它对经济增长的作用机制比其他要素要更为复杂，它需要资本投资、劳动者人力资本的投入，还需要组织结构的密切配合。因此，非信息技术资本、劳动力、信息技术投资之间的交互作用研究是信息技术绩效研究中的一个重要部分。信息技术投资对传统投资形式（非 IT 资本、劳动力等）造成了前所未有的影响。在不同范畴的生产过程中，信息技术的大规模投资与传统投资之间形成的替代抑或互补作用，被研究者认为是现代"生产率悖论"的主要原因之一（李英辉等，2013）。在部分研究对象中，信息技术投资替代了资本、劳动力投资，形成替代效应，节省了传统投资。而在有的经济对象中，信息技术投资则形成了对于非 IT 资本投资、劳动力投资的补充，需要加大投资力度才能更有效地提高产出。这两种效应的存在使得信息技术投资间接地推动生产力，提高产出。但通常信息技术的贡献不会出现在统计数据里，进而出现了被称为

"索洛悖论"的生产率悖论现象。鉴于信息技术在现代组织生产中的巨大作用，衡量与其他生产要素之间的相互关系对于管理决策至关重要。

乔根森和斯蒂罗（2000）认为，信息技术的迅速普及是计算机及其相关设备价格急剧下降的直接结果，这导致了信息技术设备对其他形式资本和劳动产生大规模、持续的替代。德万和米恩（Dewan and Min，1997）认为，信息技术资本对经济增长的贡献部分来源于信息技术资本与其他生产要素之间的替代，且进一步指出，信息技术资本、物质设备资本、人力资本之间两两替代。温斯顿林和邵本杰明（Lin and Shao，2006a）研究发现，在信息技术高投资水平上，信息技术资本和物质设备资本与人力资本之间是互补关系，而在信息技术投资低水平或中等水平上，信息技术资本与其他资本之间是替代关系。国内学者汪淼军、张维迎等（2007）以1000多家浙江省制造业企业为研究样本，研究了信息化、组织行为与企业绩效之间的关系。研究发现，企业的生产绩效、竞争力（用资产报酬率反映）和创新能力随着企业信息技术投资的增加而增加，企业信息技术资本投资的效率远远高于物质设备资本，刚性的组织行为和企业信息技术资本以及企业员工和经理合作之间存在互补性。张成虎和王雪萍（2006）的研究证实了 ATM 投资对国有商业银行 ROA、ROE 等指标具有积极的影响。李治堂（2009）以互补性理论为基础，研究了信息技术资本、人力资本以及两者之间交互性对公司绩效的影响，认为信息技术投资价值的实现离不开高质量的人力资本。阿方索瓦尔加斯加（Alfonsovargasa，2003）等发现信息技术投资和互补的人力资源以及管理因素的结合，与那些最终取得竞争成功的公司相联系。信息技术必须与管理、经济、人力资源等因素相结合，才能实现企业的战略优势。互补性理论认为，企业各种行动都是互补的，如果在一个活动上投入过多，将会有效提高做其他活动的收益（Milgrom and Roberts，1995）。在研究信息技术投资价值时，巴鲁阿等（Barua et al.，1996）引入"企业价值互补性（BVC）"的概念，并解释了互补性变量应该以协调的方式沿着正确的方向变化。他们发现当各种互补性变量的各种水平被一起选择时的回报会比单独选择时增加得更多。哈利申（Harison，1996）也解释了单独的信息技术投资不能提高生产率，必须与互补性因素包括更加柔性的工作组织、经理、员工技能的提高和新设施的安装等相辅相成。西顿和布林约尔森（Hittand Brynjolson，

1997）检验了信息技术投资与企业组织构建之间的关系，结果表明，那些大量使用信息技术的公司倾向于采用更加柔性、灵活的结构。通过对 273 家大公司的具体数据进行解释，他们发现信息技术投资增加和分散的授权制度以及相关的人力资源实践是相联系的。西顿和布林约尔森（2000）指出，信息技术价值的一个重要的组成部分就是促进互补的组织投资能力，组织互补投资，如新的商业流程、新的技能、新的组织和产业结构等，都是信息技术贡献的主要推动者。李（Lee，2001）利用案例研究的方法，调查了 7 家合并公司中信息技术投资和企业绩效之间的关系以及互补性的特点。李认为，如果所有的互补因素都处于不利的条件下，信息技术投资不会对利润产生积极的影响。

最后，信息技术投资对生产率的影响主要表现在：李等（2005）通过建立最小二乘法（ordinary least square，OLS）的 C - D 生产函数回归模型，研究中国信息技术产业的信息技术生产率问题，结果发现，信息技术投资促进了中国信息技术产业生产率，并建议中国企业增加对信息技术的投资。乔根森和斯蒂罗（2000）发现，计算机资本对生产率的贡献明显大于物质资本，从而肯定了信息技术对生产率的积极的贡献作用。邵本杰明和温斯顿林（2001）分别以信息技术投资作为企业特征和生产要素，认为信息技术促进了生产效率。已有研究表明，信息技术投资对生产率的影响似乎并不如人们所期望的那么乐观，围绕信息技术价值及"生产率悖论"之间的争论一直没有间断过。邵本杰明和温斯顿林否认了"生产率悖论"的存在。乔根森等（2007）认为，信息技术在 2000 年以后仍然是资本深化和总要素生产率增长的重要原因。

经济学家普遍认同的是：信息技术作为一种新技术力量，不断造就新的产业，带动了整个社会生产力的发展。计算机、电子产品、软件、电信设备、光导纤维、机器人制造、信息服务、数字通信以及网络等产业迅速发展起来，逐步取代了那些消耗大量能源与原材料的产业而成为新一轮增长中的主导产业。这些高新技术产业采用更为灵活的生产体制，更加注重企业之间合作网络的建立和发展，试图充分利用本企业外部的资源优势，追求范围经济而不是企业大小的规模经济，从而避免了企业规模过大产生的规模不经济现象。与这些新兴产业同时发展起来的是企业管理体制上的创新：在产品设计、生产和营销等方面实施系统化、网络化管理的新型组织取代了包含众多部门、多层管理的科层制。在美国，目前在书籍销售、股票交易、拍卖等主要是通过信息交换而成交的领域，大量地利用信息技术。从成本、速度以及信息的质量和数量方面全面提高工作效率的网络企业大批涌现，继续向拥有很多店铺和人员的传统企业进行挑战。在制造业中，像戴尔计算机那样，在零部件和产品的订货和发货方面最大限度地运用互联网，压缩库存和营业费用、提高工作效率的企业增多。在计算机行业，信息技术的应用已经从生产、营销阶段前移到研发阶段。2008 年 7 月，苹果应用软件商店正式上线并取得了空前的成功，给整个手机终端行业带来了一种新的研发模式，即 App Store 模式。在这种模式中，苹果公司提供了一个开放的平台，允许遵循其约定的手机程序开发者为其手机终端提供应用程序，并就销售这些应用程序的利润与开发者进行分成。随后，微软、谷歌、三星等众多知名的信息技术企业都推出了各自的手机应用程序商店，即本书中提出的"网络平台"。网络平台使得旧时空对研发的限制已经不复存在，借助于信息技术可以很容易实现网络化、全球化，将散步在各区域甚至全球范围的高技术资源整合在一起，是更多合作和共享高技术资源的空间，参与其中的企业和个人在"合作和相互信任"的基础上成为一体，网络成员间的信息、知识等共享和交流促进了不同成员的技术资本的联合开发，从而为新技术资本创造以及企业创新提供了有利的途径。网络平台显然在软件技术产品推出速度、成本与质量方面更具有优势。网络平台是基于信息技术，实现计算资源、存储资源、数据资源、信息资源、知识资源、专家资源、技术资源的全面共享（李根柱等，2006），是跨组织资源共享和协同创新的载体。计算机行业的例子表明，建立在信息技术基础上的网络平台在技术产品研发方面具有无可比拟的优势，企业可以通过平台这种有效的载体形式把外部资源和企业内部资源结合起来，摆脱单个企业的资源局限，在更大范围内实现资源的有效配置。因此，如何充分利用信息技术来改善和增强本企业的研发、生产和销售，几乎是每一个企业都要面临的挑战。需要特别指出的是，信息技术的发展只是对此提供了技术上的可能。网络平台是以技术为支撑的，技术的发展对其的创新具有强力推动作用。目前，信息技术的开发和应用为网络平台的快速发展带来机遇，也诱发传统企业研发模式的变革，为新技术产品和服务的创新等提供支持。

第二节 技术资本

一、技术资本理论的兴起

技术资本理论和实践一直都是经济学研究的重要领域。西方经济学家对资本理论的研究主要经历了古典、新古典以及新增长等发展阶段。

古典经济学家重视劳动在价值创造过程中的重要作用，劳动价值理论是古典经济学发展时期的标志性论述。但应用于企业层面，劳动要素在企业中向来扮演着"受雇"的角色，其被动地位不言而喻。起初，学者们将劳动视为普通的、依附于实物资本的简单劳动和纯体力劳动。后来，古典经济学家对企业价值创造来源的分析逐渐从劳动要素转向货币要素。在古典经济学对企业分析中，技术要素是缺乏的，"技术"只是哲学经济领域的一个概念，并不被经济学家们所了解和重视。反观经济学理论，无论是模棱两可还是清晰明确，技术都是经济学研究的一个重要因素，不能被忽视。但当时的学者们都认为技术是一个难以捉摸的主题，而且不具有物质形态，分析上不宜进行处理，因此，技术都未被直接作为研究对象。在此期间，古典经济学家亚当·斯密（Adam Smiths）认为经济增长主要取决于劳动力和资本的投入，这里的资本就是传统的物质设备资本和财务资本，主要表现为机器设备。在传统经济条件下，物质设备资本和财务资本相对处于更为稀缺的地位，企业产品所包含的知识与技术的含量不高，物质设备资本在企业竞争中居于核心地位，因此，企业价值被认为更多地取决于物质设备资本的数量。大卫·李嘉图关注"原始的、不可扩增的和不可毁灭的自然禀赋"所产生的经济影响（Ricardo，1817）。这方面许多早期研究集中于对拥有土地的经济效果分析。哈罗德—多马模型（Harrod – Domar Model）是经济增长理论的典型模型，它给出了现代经济增长理论的基本框架，是对凯恩斯主义的重要补充和完善。该模型主要研究了产出增长率、储蓄率与资本产出比三个变量之间的相互关系，认为资本积累是经济增长的决定性因素，但前提假设是只有劳动和资本这两种生产要素，且不存在技术进步。该模型忽视了技术进步在经济增长中所起到的巨大作用，其假设与实际相差太多。

新古典经济增长模型则强调技术进步这个外生变量的重要性，认为技术进步是经济增长的引擎，但技术却像天外来客一样，无法作进一步说明。外生技术的观点属于技术资本理论的萌芽期。萌芽阶段的经济学家仅限于定性分析技术对企业价值创造的重要作用（Ayres，1953；Blair，1948）。艾尔斯（Ayres，1953）、布莱尔（Blair，1948）、索洛（Solow，1956、1962）定性分析了技术对宏观经济和微观企业组织的作用。其中，索洛（Solow，1956、1962）利用美国的国民生产总值数据测算了美国 1909 ~ 1949 年的技术进步率，提出著名的外生技术理论。索洛认为，技术在经济发展中属于突变因素，具有很强的偶然性，应将其视为独立静止的外生变量。索洛还进一步证实了技术进步的利润贡献远超资本与劳动。索洛（1957）发表的有关"索洛剩余"经典论文，使人们已经意识到劳动、资本等要素积累不能解释经济增长中的大部分，技术进步才是经济增长的最终源泉。然而，新古典增长理论却假定技术是外生决定的：它是一种纯粹的随机过程，人们无法把握它、控制它和计量它。格里高利·曼昆和大卫·罗默（Gregory Mankiw and David Romer，1992）发表的题目为《对经济增长的实证研究》一文中，高度评价了索洛模型的实证意义，结论是该模型能较好地解释世界经济增长的缘由。此后，很多学者尝试放宽索洛模型的假设，持续作了大量研究使该方法日渐完善。萨缪尔森教授认为，如果没有设备、资源、劳动，更重要的是没有技术与知识，企业将无法进行生产活动。若企业能拥有某些特殊的生产要素，如富矿和极高的技术，即使在长期中也能得到较高的报酬。在这里，技术与知识已被萨缪尔森教授视作比设备、资源与劳动更重要的两种新兴生产要素。应注意，在此期间已有人专门提到技术资本问题，如波斯纳（Posner，1961）提出技术是过去对研究与发展进行投资的结果，可以作为一种资本或独立的生产要素。舒尔茨（Schultz，1971）也提到技术的生产潜能，并将技术以及其他的收益来源看做资本。不过，此时的研究均未突破技术外生性研究假设。新古典经济增长理论有其固有的不足：一方面，它将技术进步看做经济增长的决定因素；另一方面，它又假定技术进步是外生变量而将它排除在考虑因素之外，这就使得该理论排除了影响经济增长的最重要的因素。

技术进步的源泉是 20 世纪 80 年代中期的内生增长理论。人们开始意识到技术不再是外生的，它是一个由市场力量引导的过程，它是人类出于自利而进行投资的产物，它源于厂商利润最大化投资决策的努力，是企业研发（R&D）投资的结果。罗默（Romer，1986）和卢卡斯（Lucas，1988）等提出的内生增长理论认为，技术、人力资本等无形资产具有显著的外部性，与实物资产边际报酬递减的特征不同，技术、人力资本等无形要素资本的外部性往往使得企业的经济活动具有规模收益递增的特点。罗默（1986）的模型较为系统地分析了知识和技术对经济增长的作用，他突出了研究与开发对经济增长有其实际价值，这与事实相符。进而说明，技术资本是现代经济增长的决定性因素。罗默（1986）认为，所谓的技术资本，主要体现在物质产品上，如新的设备、新的原材料等，它们代表技术创新的成果。这是最早对技术资本构成要素的阐述。对此，乔治（George，1990）表示认同，且进一步强调异质性技术进步对货币资本与商业循环周期都有影响。无论是货币模型还是商业模型，异质性技术需求的变化会导致生产率、雇佣劳动及产出的变化。熊彼特的创新理论是技术资本兴起的重要转折点。熊彼特认为，被发明出来的技术若不能被投入使用，则不能发挥经济效果，也就无法创造价值。可见，熊彼特已经意识到技术具有创造价值的资本属性。格罗斯曼和赫尔普曼（Grossmanand and Helpman，1991）和阿吉南和豪伊特（Aghinnand and Howitt，1992）在熊彼特"创新理论"的影响下，以 R&D 为基础构建了内生增长模型，技术被视为有目的的研发活动的结果。赫尔普曼（1997）考察了技术进步和资本积累之间的关系，证实二者紧密相关。戴维·N. 韦尔（1997~2000 年）分析了技术资本及其在经济增长中的作用。首先，分析了技术进步的本质，认为技术进步能够改变生产要素的结合方式，使经济体克服收益递减规律的限制。其次，通过对技术创新与经济增长关系建模，分析了用于技术进步的资源投入如何影响经济增长。最后，论述了技术在发达国家之间转移比从发达国家转移到发展中国家更加容易的原因。有些技术不能从发达国家流入发展中国家，或许是因为对于发展中国家特定的生产要素而言，这些技术不适用，又或许是因为发展中国家缺乏使得技术有效所需的隐性知识。内生新增长理论重点关注技术进步背后的经济因素，认为当追求利润最大化的企业或发明家在试图寻求更新、更好的利润来源时，技术进步就产生了，因而各国经济增长的差异主要由各国技术资本积累率方面的差异以及各国贸易中不同技术资本比较优势所致。人们对技术资本性质和作用的认识得以深化。

无论是以哈罗德—多马为代表的古典经济增长模型、以索洛模型为代表的新古典经济增长模型，还是以罗默为代表的内生经济增长模型，或以诺思为代表的经济增长制度分析模型，均是从投入—产出的角度分析经济增长。这些理论的逻辑是，保证劳动、资本、技术等要素的投入，经济就能得到增长，甚至可以维持可持续增长。但上述模型均存在一个隐含的假设前提，就是企业所有产出都必须自动地全部转化为企业收入，这样才能保证社会再生产的循环进行。关键的假设条件是"企业的产出能够完全变成收入"，这种假设在供给短缺经济条件下是基本成立的。

格罗斯曼和赫尔普曼（1997）把内生技术创新与转移纳入内生经济增长理论中，认为技术创新源于追求利润最大化的企业有意识的研发活动。由此，技术资本的研究重点开始转向微观企业组织。尽管技术已成为企业生产要素的主要部分，但对于技术的内涵，专家的理解却很不统一。新制度学派是技术资本理论的拥护者，并将技术资本视为适用于人类自然规律的专有技能及可操作科学知识。一个组织的技术水平通过生产所需材料、技能和设备的结合来体现。技术资本积累通过改变当前的生产标准、提高员工掌握技术能力和组织的技术服务效率来完成。只有越来越多的人掌握了当前或更高的技术，才能够实现技术资本积累。这一观点的代表人物是加尔布雷思（Galbraith），他断言，当前美国实行一种所谓的"工业制度"是以复杂的生产技术推动经济成长，生产技术将会成为最重要的生产要素。美国学术界早期的技术研究中，尽管技术已成为企业生产要素的主要部分，但对于技术的内涵，专家的理解却很不统一，很少有人直接使用"技术资本"命题。史蒂芬（Stephen，1994）将技术界定为版权、专利、商业秘密与商标。显然，史蒂芬的定义，在一定程度上扩大了技术资产的范围，把一些不具有技术特点的资产也纳入进来，如作品、音像制品等。与此同时，谢里夫（Sharif，1995）认为，技术包括四部分：物质技术、人力技术、知识技术与组织技术。谢里夫混淆了技术与人力、知识、组织的区别。相比之下，伯格曼、克里斯坦森和惠勒特（Burgelman，Christensen and Wheelwright，2004）对技术的界定有了很大的进步。他们认为，技术是理论与实践的知识、技巧、技艺，能够被用来开发产品、服务及生产系统。作为一种商品，技术有别于一般的竞争性物品与公共物品，它具有非竞争性与部分排他性特征。技术的非竞争性是指企业或个人在使用某技术时往往无法阻止其他人同时拥有该技术的使用权，技术复制成本很低甚至为零，易于被其他企业模仿，有些企业往往会采取一些管理措施控制技术的外泄；技术的部分排他性则保证了技术主体从技术投资中获益（Romer，1990）。令人振奋的是，艾伦和爱德华（2009、2010）直接使用"技术资本（technology capital）"命题，将技术视为企业在研究开发过程中形成的技术诀窍、商标以及其他一些可与企业相分离的研发机构，如各项专利、专有技术、商标及研发中心。应注意，这里没有提及"知识"。很明显，美国学术界也注意到了技术与知识的差别。这与我国学者的理解比较接近（罗福凯，2008、2009、2010、2012、2014）。

2000年之后，技术资本理论相应得到快速发展。伴随着信息技术革命与经济全球化的快速进程，有关企业技术资本的生成与作用机理、技术资产管理、技术投资评价等研究，分别取得丰硕的成果，技术资本迎来全面发展的繁荣时代。

二、技术资本生成的研究综述

在技术资本基本概念较为清晰和被广泛认可的情况下，有必要对技术资本的生成过程进行研究。根据财务管理属于综合性价值管理这一本质特征，技术资源要素被投入财务资本从市场购入企业后，在财务学上可命名为技术资本。资源转化为资本即生产要素资源资本化的条件是，生产要素资源进入市场作为商品经过交易过程，把各种具体的物质或精神资源形态转变为统一的财务价值形态，同时启动资本的流动，并确认资本所有者。

技术资本生成的首要条件是解决技术的来源问题。企业可通过购买或企业并购、内部R&D、联盟等方式获取技术。若仅考虑技术应用的紧迫性和市场压力，并购是首选。如再考虑行业的不确定性，联盟往往优于其他方式。许多学者主张联盟获取技术（Graebner，Eisenhardt and Roundy，2010）。当然，与从外部获取技术资本相比，内部技术创新可让企业更具竞争优势（Teece，1986），这也是企业长期发展的动力源泉。杨德林和陈宝春（1997）提出，自主创新是企业依靠自身力量独立研究开发，促进技术创新的活动。自主创新具有三个显著特点：一是核心技术上的自主突破；二是关键技术上的领先开发；三是新市场上的率先开拓。自主创新一般是实力雄厚的大企业的首选。对于中小企业而言，资金和技术人员的匮乏，加之研究周期一般较长，自主创新的成果产出风险很大。若企业内部技术能力较弱，从外部寻求、获取并内化有用的技术知识，能够补充或拓展内部的技术能力（Chatterji，1996），并重新组织和调整企业的内部研发活动（Higgins and Rodriguez，2006）。企业间的结合效果依技术新颖度和相关度而定。企业间技术差距越大，结合效果越明显。

　　有了技术，确认所有权是技术转化为资本的前提，也是技术资本生成的第二个条件。所有权表述为资产潜在价值的隐性特性。通过抵押和其他契约方式可为财产赋予多种用途，让资产充分显示出蕴藏的生产性潜能。任何资产的经济和社会价值，如果没有在一种正规所有权体制下固定下来，就很难在市场上流转。财产只有被赋予所有权，才能转化为活跃的资本。资本通过文字表述的形式而产生。这些表述形式包括所有权凭证、有价证券、协议、合同以及其他类似记录（Solow，2007）。而且与一般资源相比，技术开发成本非常高，所有权的确认更为重要（Paniaguas and Craig，2010；Williamson，1991）。确认所有权有公开申请专利和内部权利注册两种方式。特克斯（Teece，1986）曾指出，如果创新者喜欢强有力的专利保护并且互补性资产缺乏，建议进行权利注册。考虑到技术申请专利后不用担心被复制，专利注册是一种很好的确权办法。有效的专利能够促进资产互补企业的权利许可。而且若企业面临融资困难，专利权抵押也是有效的解决办法。若不想公开技术发明，内部确权也可使技术转化为资本（Kuen and Jiann，2007）。无论选取哪种确权方式，只有技术产权清晰，其资本功能才能得以发挥。

　　技术要转化为技术资本，还需投入生产过程。这是技术资本生成的第三个条件。技术转化为资本的过程，也是技术被企业采用的过程。经济学家并不关心技术的物理及工程结构，而是寻求对技术生成、应用与改进的相关行为模式加以解释。其中技术的生成与改进在很大程度上是通过教育与研究机构完成的，而技术的应用则通过经济组织来实施。某种资源之所以被称为资本，是因为它的经济功能，以及市场和企业达成共识将其看做具有产生收益的能力（Lachmann，1978）。新制度学派是技术资本理论的拥护者，他们将技术资本看做适用于自然规律的人类专有技能及可操作的科学知识。一个组织的技术水平通过生产所需材料、技能和设备的结合来体现。技术资本积累通过改变当前的生产标准、提高员工技术掌握能力和组织的技术服务效率来完成。只有越来越多的人掌握了当前或更高的技术，才能够实现技术资本积累。

三、技术资本作用的研究综述

麦格拉坦（McGrattan）和普雷斯科特（Prescott）在 2005 年的 "*Productivity and the Post—1990 U. S. Economy*" 一文中发现，美国 1990 年出现了一个令人不解的事情——当资本投资增量幅度被压制时，美国经济反而是景气的。后来，经过研究，麦格拉坦和普雷斯科特解释道，无形资本对经济发展发挥了重要作用。而忽略无形投资导致了 1990 年后美国经济的扭曲：生产率增长温和、企业利润低、企业投资处于中等水平。大多数无形投资不能被直接观察到，但它们可以通过使用美国国民收入和生产力账户（NIPA）数据，基于标准增长理论分析而间接得到。这里的无形投资指的是为增加未来利润而产生的支出，如技术研发支出和企业文化及广告费支出等。美国会计准则把这些支出视为运营支出而非资本支出。这为日后明确提出技术资本概念及其构成要素、技术资本收益、成本与风险、技术资本如何显著促进经济增长以及企业发展和技术资本化运营等埋下了伏笔。技术资本是知识经济时代出现的一个资本范畴，被认为是 21 世纪企业的无形战略资源，成为企业价值与核心竞争力的源泉。社会经济将自然淘汰掉缺乏技术资本投入的组织。

麦格拉坦和普雷斯科特在《开放，技术资本与发展》（2009）中主要讨论了技术资本对国家总量生产函数和国民经济核算账户的影响。他们将技术资本引入增长模型，构建了一个有关企业生产技术的理论框架，并推导出国家总生产函数，用来估计开放、FDI 带来的收益。这个总生产函数考虑了三个输入变量和一个产出变量。前两个输入变量是劳动与有形资本，第三个输入变量是技术资本。技术资本与其他资本的不同之处在于，同一项技术资本可供企业在国内及国外的多个地方同时使用。而某一机器设备物质资本、某一人力资本则不能同时在不同企业或多个地方使用。伴随着技术资本的日益重要及不断积累，如何有效地利用技术资本促进价值增长，在国外已引起众多学者的关注。研究结果表明，通过允许国外企业直接投资，或者一个国家能够利用外国的技术资本，并从开放中获取收益，技术资本对经济增长就具有明显促进作用。在此基础上，《技术资本与美国现金账户》（2010）建立了一个包括无形资本在内的多国一般均衡模型，对一些尚未计量的无形投资的重要性进行估计。文中考虑两种不同的无形资本类型：可以在多个地点使用的技术资本和企业特有的无形资本。同时实证分析了 1982～2006 年美国跨国公司的附属公司在国外的投资回报率，以及与当期外国跨国公司在美子公司投资回报率之间的收益率差异，发现两者之间的差异由技术资本存量差异导致，并认为美国企业目前的会计账户及其提供的信息在某种程度上扭曲了技术在企业生产中的资本作用。这就再一次验证了技术资本对经济增长的促进作用。这里的研究表明，技术与机器设备和人力一样，已成为一种独立的新兴资本形态。

斯皮罗斯－阿凡纳蒂斯（Spyros Arvanitis）等的《软 ICT 资本对希腊公司创新绩效的影响》一文认为，传统创新因素对企业创新表现有非常低的影响。该论文搜集了 271 个希腊公司的数据，基于回归模型的估量，采用定量方法和结构化问卷调查，结果显示，信息技术（ICT）资本表现出相反的作用。三种"软"ICT 资本（需求期望、价格和非价格竞争、市场集中度）对过程、产品、服务的创新有积极的作用，并且这三个相关的技术效应类型的软 ICT 资本对创新绩效的影响，远比硬 ICT 资本大得多。斯皮罗斯－阿凡纳蒂斯论文的主要贡献是为未来研究 ICT 和创新之间的关系及影响作了铺垫。人们既不应该忽视软 ICT 资本，也需要充分考虑各类硬 ICT 资本。亨贝·春和松培·芒夫（Hyunbae Chun and Sung－Bae Munf，2006）在《信息技术资本在美国产业中的可置换性和积累》中认为，企业资本被划分为信息技术资本、非信息技术设备资本和结构资本三个部分。其中，企业的信息技术资本（Itcapital）包括计算机硬件和计算机软件两个部分。在过去的几十年，相对于其他类型的输入品来说，美国经济投资于信息技术（IT）设备和软件的速度正在快速增长。信息技术资本每小时工作的快速积累，被称之为信息技术资本深化，其已成为美国经济总量和产业水平中劳动生产率增长的主要贡献者之一。由于信息技术价格的快速下降，信息技术资本的替代品被认为是美国经济增长的重要来源。

在马立克·卡皮卡（Marek Kapicka）的《技术资本对美国有多重要？》一文中，他假设技术资本收益率与企业有形资本回报率相等，并且技术资本和国家开放程度被看做衡量美国 1982 ~ 2007 年经济发展的指标。对于美国经济而言，技术资本存量大约是有形资本存量的 1/3，而且国家开放程度是在 0.61 ~ 0.70。国家开放有利于技术资本在发达国家和发展中国家流转。实证分析再一次显示，技术资本对美国本土经济的生产力提升具有重要作用。例如，在农业全要素生产率应用研究中，过去 35 年技术积累使得发达国家技术资本和农业 TFP 增长强劲。发展中国家的情况则明显复杂一些，仅有个别发展中国家的生产力持续快速增长。与此同时，著名学者罗伯特（Robert）和基思（Keith）的研究成果主要体现在技术资本的应用范围和全要素生产率的改进等方面。他们在《技术资本：进入增长俱乐部的代价》（1996）论文中分析了农业生产率与技术投入之间的关系后，发现全要素生产率（TFP）的快速增长与国家对企业技术资本投入正相关。其技术资本包括技术研发（research）和技术推广（education-extension）。但技术资本的信息很难被获取、搜集和测量。为了更准确地反映发展或应用新农业技术的能力，在以上技术研发和推广指数的基础上又构建了一个发明创新资本指数。分析结果显示，TFP 的增长与技术资本的增长相关，并建议通过提高技术研发能力来促进经济增长。从农业资源禀赋的角度来看，耕地面积、农业劳动力、农业资本都是影响农业生产率的基础要素，但由于今后国家劳动力增长和资本增长都很有限，技术资本的投入成为关键。随后，著名学者罗伯特·E. 埃文森和安东尼奥（Robert E. Evenson and Antonio Flavio Dias Avila，2010），通过计算出来的农业全要素生产率和技术资金指标进行对比，发现农业全要素生产率和技术资本联系紧密。这就进一步证明，农业全要素生产率的提高和生产成本的降低需要技术资本的支持。

20 世纪 80 ~ 90 年代，与高新技术人员不同，世界低技术人员的名义工资在下降，美国的低技术人员的实际工资也在下降。罗伯特和戈登（Robert and Gordon，1996）在《外包和高技术资本对工资的影响：美国估算，1979 – 1990》中，以 DFS 模型（dombuseh fischer samuelson，1980）为基础，通过将工薪差距扩大与垂直专业化分工的中间品贸易相联系，建立三要素联系中间品投入模型，三要素为熟练劳动力、非劳动力和资本。他们认为，由于两国要素禀赋差异，发达国家会通过 FDI 或者跨国公司形式向发展中国家转移中间品生产区段，资本的流动使中间品生产成本在发展中国家降低，在发达国家反而提高，从而使得发达国家与发展中国家分工体系改变，形成中间品生产的临界点，垂直专业化分工范围随之扩大。由于发达国家转移的生产区段相对发展中国家来说，仍旧属于技术密集型较高的产业，因此，发达国家及发展中国家的平均熟练劳动力技术密集度都会上升，两国对平均熟练劳动力的相对需求也会上升，进而最终导致两国熟练劳动力要素报酬增加，高低技术工人工资收入差距扩大。接下来，他们选取 1979 ~ 1990 年美国高低技术人员工资收入样本，实证了技术变化和国际贸易的发展会影响我国高低技术人员的工资差距水平。其中，技术变化采用高技术资本的转移来衡量，国际贸易的发展则以中间产品的外包来衡量。

人们普遍认识到，"高技术"办公室和信息（微电子芯片）技术的实现，主要在节约成本方面有巨大潜力，尤其是对劳动而言。厄恩斯特和凯瑟琳（Ernst and Catherine，1995）在《高技术资本在美国制造行业的形成及经济表现，一个实证分析》中探索 1968 ~ 1986 年行业绩效指标之间的关系和投资高科技办公室和信息技术资本两位数制造业产业，利用管理学中的绩效测评方法对美国制造业的高新技术资本形成及其经济绩效进行了实证分析并得到了相应的结论。文章根据有限的证据发现，盈利能力和高新技术资本（OF/K）之间存在积极关系，且更高比例的高科技行业资本有较高经济效益。

可见，美国学术界关于技术资本作用的研究，主要观点是：（1）技术资本提高了企业整体收益率，降低了生产成本；技术资本是企业收益的重要来源；技术资本配置改进了企业贸易结构和产品进出口价值取向。（2）企业全要素生产率（TFP）的增长与技术资本的增长相关，技术资本是企业生产要素的核心；生产要素开始被要素资本所替代。（3）技术资本节省了人力资本投入及其成本，加快了人力资本流动性，使企业要素资本配置更加合理；技术资本和人力资本与其他资本的配置更加均衡。（4）企业技术资本存量及其增长，提升了企业参与国际市场的竞争力，促进了企业经营理念的改进。

四、技术资本转移的研究综述

生产要素资本化使学术界关于技术转移的研究转变为技术资本转移研究。以往的经验事实是，全球经济和技术的飞速发展，使各国之间的技术落差逐渐扩大，发达国家的先发优势"掠夺"了大量财富。发展中国家则在后发不利条件下仍旧握有另一种优势——后发优势，即利用发达国家先进的技术和充足的资本，通过跨国经济技术合作，使得自身生产力得到跨越式发展。这种技术和产业结构的学习与模仿，既可以避免后发国走弯路，又可以借用先发国的资本来积累自身财富。但是，随着这种资本积累和技术模仿，后发国渐渐步入"瓶颈"，关键原因是缺乏技术积淀和研发环境，以及生产要素资本化机制。于是，这种后发优势反而转化为阻碍技术创新的绊脚石，以致产生后发劣势。正如霍姆斯、麦格拉坦和普雷斯科特（Holmes, Mcgrattan and Prescott，2011）在《技术资本转移》一文研究中国经济时认为，中国自 20 世纪 90 年代以政策吸引技术、以市场换技术，未能实现技术转移向技术资本转移的转变，造成中国长期以来自主研发低增长。此后，三位作者在此领域继续深入研究，2013 年的工作笔记（working paper）《交换条件：技术资本转移在中国市场的准入》一文又对 2011 年《技术资本转移》论文进行较大修改，继续探讨了中国的交换型政策（quid pro quo policy）和中国的技术资本，将外国直接投资（FDI）和外国技术资本转移对中国经济增长的影响作为论文的研究重心。从技术积累、知识传播、研究和发展、品牌和组织变革等因素进行研究，可以发现，外商直接投资会导致技术进步和知识溢出效应。麦格拉坦和普雷斯科特（2009、2010）对外商投资模型进行扩展，采用多国动态均衡模型，通过测算中国企业知识产权的微观数据与中国国内的外商直接投资宏观数据，估计模型的主要参数，测量交换型政策的影响程度，展示技术资本对全球改革与福利的重要作用。麦格拉坦和普雷斯科特把技术资本认同为一种非竞争性资本。如果一个公司在母国进行了技术资本的投资，那么它可以在世界上的其他国家也应用这项资本。他们测算公司可以选择转移多大程度的技术资本到外国，技术资本收益可能最大化，即产生边际强度（intensity margin）效应。这类似于一种关税，使得外国公司在东道主国不能完全利用他们的技术资本，一旦技术资本转移成功，就需要用国内投资来测量拓展技术的必要投资，而不再是外商投资。

广而言之，技术资本转移是发达国家通过自己拥有的技术资本在发展中国家谋求利益的过程。与理论模型相似，一些学者的研究和证据表明，中国的外商投资极少来自在世界研发领域保持领先地位的发达经济体，比如美国、西欧和日本。1990～2010 年，虽然中国对于高科技产品的需求大幅提高，但是发达国家公司投资流入中国的数额占外商总投资的比重却呈现显著下降趋势。基于中国知识产权微观数据的研究发现，知识产权只在中国国内进行了交换，而非在国外。这也就意味着，即使中国由于交换型政策开发了重要的知识产权，积累了技术资本，能从本国输出到发达经济体的技术资本依然较低。而后，学者们考察了交换型政策对外商投资利润的影响，即外资企业直接以现金缴税或者以技术资本为交换对企业利润的影响。两种方式的区别集中在交换之后的情形：单纯现金缴税，外商公司依然拥有技术的产权，交换型政策则意味着技术管理重新分配给了国内企业，进而会影响生产率。尤其是国内企业不会面临如外资企业一样的投资壁垒，这就意味着生产率的提高一部分来自转移了的技术。但是这种提高也可能会被转移过程中有效管理的流失所抵消。研究者的分析允许这种流失存在。而后学者们考察了1990～2010 年中国技术转移的情况，发现发达经济体因为中国的交换型政策丧失了 0.3%～0.5% 的消费；中国的政策可以影响发达经济体的福利以及跨国公司投资技术的激励机制，中国从交换型政策中得到了占消费 5% 的利润。同时，交换型政策导致流入中国的技术资本显著增加。所以这一政策带来福利增加的同时也满足了中国政府自主创新的目标。基于对中国知识产权构成的分析，有学者发现中国公司与外国公司共同拥有的知识产权更多地只停留在国内范围。这就说明，中国企业并不在相应的国际企业知识产权拥有者的名单上。

谢尔盖·格里格里瓦（Sergey N. Grigorieva）等在《技术资本：现代经济下创新发展的一个标准和转移的一个目标》一文中认为，技术资本转移在某些特定情况下确实发生，但霍姆斯、麦格拉坦和普雷斯科特的研究忽视了技术资本传播和接收企业技术的差异化问题，以及与 OEM – model 参与者之间的交互技术资本转移的位置。技术资本作为现代经济中创新发展的一个标准和转移目标，尚未形成广泛而统一的科学理解。因此，谢尔盖·格里格里瓦等研究者提出了三个基本观点：（1）技术资本是创新发展的一个标准；（2）技术资本和智力资本存在相关性；（3）技术资本是技术转移的一个目标。当今世界迫使企业寻找新的方式来获得竞争力。谢尔盖·格里格里瓦等将企业的技术资本视为竞争优势的一个重要指标。在这里，技术资本被定义为包括有形资产和无形资产。有形资产包括企业固定资产部分，而无形资产包括产品制造和生产管理。从创新发展（innovative development）和技术转移（technology transfer）两个方面讨论技术资本对企业的影响，成为公司财务管理的新领域。从技术资本视角而非人力资本视角考虑企业创新发展，是公司财务研究的新趋势。技术市场正在被积极开发，并且技术市场的增长率远高于传统产品市场。企业获取能力和创新发展的过程被视为企业技术资本的增加。所以技术资本价值增长作为企业创新发展的标准，应该从技术资本增长累积（定量方面）和无形资产价值超高速增长（定性方面）两方面加以考察。解决技术转移问题，已经成为公司财务理论研究和实践的重要任务。

第三节 技术资本与企业价值创造相关性的研究综述

自 19 世纪 80 年代信息技术开始大范围应用以来，技术资本与企业价值的关系一直备受瞩目。主流财务理论认为，在完全竞争的市场环境下，企业价值是由当前财务活动创造的价值及未来投资机会所创造的价值现值组成的。任何一种生产要素，只要能够极大地推动企业实现盈利与增长，就会成为价值不可或缺的组成部分。自 20 世纪 80 年代起，国外学者开始从理论上探寻技术资本与企业价值之间的关系，主要分为两类：一类研究集中于技术资本带来企业成长机会的研究。迈尔斯（Myers，1977）对技术资本带来成长机会与企业价值创造的关系进行了研究，取得实质性的突破，认为企业价值包括实物资产价值和未来成长机会的现值。斯福特（Stopford，1994）认为，技术资本有助于企业提升生产与经营能力、获得新的核心竞争力，从而促进企业成长，提高企业价值。另一类研究是把技术资本作为一个对企业价值创造影响的因素。古斯（Guth，1990）认为，技术资本可以提高企业产品的市场竞争力，也可以形成企业新的利润增长点，从而提高企业获取未来收入的能力。实证研究方面，早期一般以 R&D 支出、R&D 投入强度以及企业专利数量作为技术资本的代理变量，探究技术资本与企业价值的关系。

学者们普遍认同的是，技术资本是提升企业价值的重要生产要素。在其他资本一定的前提下，企业价值取决于技术资本的生成与运营状况，主要体现在技术资本能够提高企业获取行业及内部超额收益的能力，有助于维持并延长超额盈利的期间。技术资本的风险管理可以降低资本成本，科学合理地确认技术资本价值可以提高账面价值，促进技术转化并有助于提前获取收益。此外，与技术资本生成有关的变量如技术的转化时间、转化风险、转化投入、技术资本利用效率，与企业价值之间亦存在一定的动态函数关系。纵观以上文献，宏观领域技术资本对经济增长的作用已被经济学家所证实，但微观领域技术资本对企业价值的作用主要集中在实证证据，相关理论文献比较少，且集中在总体关系论证，未涉及内在影响机理。国外相关研究有：马尔迪法西和罗德里格兹（Maldifassi and Rodriguez，2005）利用 D－S 生产函数分析了制造企业的技术资产配置状况，发现技术边际生产率的贡献已超过了人力，且呈现规模报酬递增趋势。格里吉斯（Grilliches）对美国大型企业时间序列截面数据的研究表明，以 R&D 支出和专利数量作为代理变量的企业，无形资产对企业市场价值具有显著的影响。希尔希和韦根特（Hirschey and Weygandt）的研究发现，Tobin's Q 值"市场价值"资产的重置成本与 R&D 投入强度的关系显著。Chan 等认为那些宣布增加 R&D 支出的高技术企业，具有提升其股票价值的作用，得出类似结论的研究还有肖文、希尔茜和桑达姆（Chauvin，Hirschey and Sundaram）等，他们指出，公司 R&D 支出公告可预测性地对公司的市场价值产生正向影响，而博斯沃思和罗杰斯（Bosworth and Rogers）运用 1994～1996 年澳大利亚大型企业的相关数据，利用 Tobin's Q 作为企业价值代理变量，实证表明企业 R&D 支出和以专利为代理变量的企业知识产权对企业的市场价值具有显著的影响。此外，企业当前技术选择也会影响企业价值。帕克斯（Pakes，1985）分析了企业专利、R&D、股票市场价值之间的动态相关性，发现那些对市场价值有影响的事件或信息确实与 R&D 及专利的非预期变动显著相关。若专利或 R&D 增加，与之相关的市场价值也会增加，进一步将 R&D 资本化，则发现这种调整对投资者的收益价值相关。而且，R&D 资本促进随后的股票收益增长，R&D 密度与收益的波动呈正相关。但格林伍德、杰瑞米和约万诺维奇（Greenwood，Jeremy and Jovanovic，1999）对此持不同观点。他们通过分析 20 世纪 70~80 年代股票价格与技术资本的关系，发现技术投资对股票市场价值的影响存在一定的滞后期。这是由于一些成熟大企业可能会坚持使用一些旧技术，致使技术投资最初可能会降低市场价值。2000 年之后，该问题又被关注。不少学者提出相似观点，如一个重大技术投资会引起股票暂时下跌，直到预期红利的宣告效应通过 IPO 进入股票市场为止（Hobijn and Boyan，2001；Laitner and Dmitriy，2003）。关于股价下降的原因，卢博斯和彼得洛（Lubos and Pietro，2009）认为，一项新技术的到来是不确定的，并且易于模仿。梯斯（D. J. Teece）的研究发现，一个率先把新技术在市场上商品化的创新者常常会失望于这样一个现实，即竞争者或模仿者从创新中所赚的利润要比第一个把它商品化的公司多。这种随着时间而发生变化的不确定性，对股票价格产生显著影响。最初新技术的风险绝大部分是公司特有的，这意味着股票应有较高价格。新技术到来时，这种内在的企业特殊风险开始转化为系统风险，推高折现率并降低股票价格。此外，莱特纳和德米特里（Laitner and Dmitriy，2003）利用托宾 Q 也分析了下降原因。他们认为，托宾 Q 的分子代表股票市场价值，反映了实物资本与技术所有权，但分母仅测量了实物资本。因此，Q 通常大于 1。重大新技术的到来（如 20 世纪 70 年代的微处理器）突然使得旧技术过时，相应的实物资本核算方法也没有及时改进，就出现了 Q 低于 1 的现象，引起股市下跌。若从技术资本的生成机理来解释股价下降的话，这恰恰验证了只有将技术资本化才能创造价值。技术投资对价值的滞后影响，正是因为它还未被企业应用，未完全形成企业的技术资本。

与国外相比，国内相关研究要滞后一些。眭振南和王贞萍（1998）、赵利光（2003）认为，新技术商业化是对技术原型进行深入试验，生产出新产品并将其推向市场或转化为成熟工艺进行实践应用的活动。这种新技术的商业化会经历产品化阶段、商业化阶段和产业化扩大阶段，并最终获得预期的企业价值。邵红霞、方军雄（2006）的研究表明，高新技术企业的技术性无形资产、商标权及其他无形资产和市场价值有显著相关性。计军恒（2007）认为，基于技术创新的企业价值增长主要表现为企业价值量的增长和质的提高。其中，企业价值量的增长包括实物资产价值增长和成长机会价值增长两部分，两者加总即为技术创新条件下的企业价值增量。在量的增长背后，基于技术创新的企业价值增长还表现为质的提高，主要包括企业综合能力增长。具体从盈利能力、风险控制能力以及动态竞争能力角度综合评估企业价值增长。张学勇（2009）选取技术型员工与普通员工数量之比、设备价值与员工数量之比作为技术变量，选取销售利润率、资产利润率等作为业绩变量，发现了技术水平对业绩有显著的正向推动效应。徐欣、唐清泉（2010、2012）和李治堂（2009）发现，我国企业 R&D 投资具有价值相关性、收益递延性和持久性，能够显著提高企业未来经营业绩，价值贡献显著大于固定资产投资；同时，专利也具有价值相关性，企业专利数量越多，对企业未来经营业绩的改善越有利，并能有效减少企业未来业绩的波动。汪海栗和方中秀（2012）认为，我国的创业板市场已初步具备发现和评价技术资产的功能，而专有技术、专利权和软件技术投资构成了技术资产的主体，实则支持了技术资本对创业板市场企业价值的促进作用。越来越多的学者对技术资本与企业价值相关关系的研究做出了有益尝试，但跟进的研究不多，未形成体系。由于之前中国为强制要求上市公司披露有关 R&D 费用支出的信息，相关数据缺失，致使关于技术资本与企业价值的实证研究相对滞后，且相关成果也主要局限于高科技企业与知识型企业，主要探讨了研发投入、研发投入强度与企业价值或绩效的关系。此外，专利作为技术资本的另一个重要代理变量，其对企业的价值效应，国内学者较少关注。

但越来越多的学者得到的实证结果并不乐观。罗福凯（2008）通过对我国高端装备制造业上市公司进行实证研究，发现技术资本的贡献能力小于实物和人力资本对企业价值的贡献能力。通过仔细分析文献，笔者发现研究者仅考虑技术资本对当期绩效的影响，忽略了滞后性，且对资本之间的内生性考虑不周。因此，技术资本与企业当期价值无明显相关性，仅与滞后期价值显著相关。邱冬阳以1998年的上市公司为样本，认为当时的科技、研发投入没有取得显著的实施效果。朱卫平和伦蕊用2003年的有关数据实证发现，我国高新技术公司的科技资金、人力资源投入与公司绩效之间不存在显著的正相关关系，反而呈现负向关系。李映照和潘昕以电子行业和医药行业的上市公司为样本实证表明，研发支出与公司绩效间的关系不明显。程华、朱文晶（2009）和冯文娜（2010）指出，企业研发投入与专利、新产品产出等具有显著的正相关关系。企业从研发投入到知识产权产出有一个过程，这使得企业当期的研发投入可能并不能立马见效，而存在一定的时滞。张庆利和吴宸（2011）认为，研发投入存在"积聚效应"，即绝对投入达到一定的"阈值"才会显示效用。陈劲等（2006）提出，传统的情况下，为获取竞争优势，企业依赖自身所应有的全部资源进行自主研发，这存在诸多局限性：（1）单个企业资金有限，资金的有限性会影响企业的研发效率；（2）企业尤其是中小企业的研发实力较弱，许多甚至没有研发活动；（3）研发风险完全由企业自身承担，且研究成果推出市场后还存在会被竞争对手低成本模仿的风险，研发活动对许多企业来说是很难完成的；（4）企业研发活动的最终成果需要得到市场的检验，研发活动在最初就需要对研发成果的市场潜力有很好的把握，单个企业很难做到。

纵观以上技术资本相关文献，推定出下面有关技术资本与企业价值的关系设想：技术资本对企业价值具有正向促进作用，且技术资本的积累量越大，企业价值越高（许秀梅，2016）。但技术资本对价值的驱动效果受到技术转化时间、转化速度、转化质量、技术运营方式与效果等因素影响。罗福凯和周红根（2014）发现中国高端制造业技术资本配置普遍不高，技术资本存量占总资产均值较低，平均仅为0.37%。许秀梅（2015）发现行业间技术资本配置差异较明显。实践证据已显示现阶段中国企业技术资本配置数量、质量都不高，利用效率低，归纳起来主要有两个方面原因：一是技术资本的生成路径不顺畅；二是技术转化为资本后采取的后期运营方式不恰当、不灵活或效率低。大量高新技术企业的利润很低。

目前，中国的技术资本的研究主要集中在企业的层面，把技术资本看做一种商业资产，关心的是公司技术资本的存量，如何测度它的价值，其价值又是如何影响公司的盈利，以及如何对当前和潜在的股东提供有关其价值的信息等。现在国内企业大都仍然是财务资本和物质资本密集型的企业，相应的该企业的技术资本所占的比重很少，企业的要素资本结构配置不合理。企业应该不断加大研发投入，提高专利技术、专有技术和软件的资本占有量。提高技术资本的投入量不仅可以从总体上降低企业总的生产要素资本成本，而且可以给企业带来更多的经济效益。

第四节　网络平台在技术资本创造
企业价值中的作用述评

伴随着新一代信息技术革命的全方位渗透，企业的微观运行环境出现了平台化的互动格局，企业的生产方式也因此发生重大变革，突出体现在互联网技术对传统生产经营的全方位渗透。网络平台体现为更好地促进技术资本的生成及选取灵活恰当的技术运作方式。

网络平台的资源和能力主要是技术相关资源，包括技术人才、专利、技术开发能力等。以华为为例，通过研究华为 2010～2014 年的财务报告，可以看出华为多年来致力于技术资本的灵活运营，技术资本持续增加，企业价值增值明显。其中，对技术资本积累贡献较大的依次为开发支出、专利与软件。2011 年之前，专利积累小于软件；2011 年之后，专利积累明显高于软件。这反映出华为多年一直坚持研发高投入、重视技术确权、保护与技术积累，在技术资本生成方面成绩显著，不仅存量呈高速增长势头，内部增长结构也较为合理，突出了自主创新，具有持续的增长潜力。因此，网络平台的资源和能力可以归纳为一个核心，即技术，主要的技术活动是自主开发和外部引入。网络平台对于自主创新的研究开发、技术成果转化及商业化等环节都至关重要，是企业获取技术、人才和其他创新要素的手段，决定着平台的成败。网络平台的产品和服务主要是平台的服务功能和虚拟技术产品，其关键业务是维护平台的服务和开发市场需求的虚拟技术产品，不断创新技术开发新的功能板块和产品。网络平台只有不断地引入新技术，创造新服务项目或产品，满足客户不断变化的需求，才能在激烈的平台竞争中获得优势。

网络平台是企业价值创造的有效工具，其价值创造过程实际是对技术资源生成、技术资源确权和技术资源交易全过程的再优化。网络平台使得企业技术资本经营方式更加灵活。首先，平台使得企业管理层能在适当的时机集中关键的决策，提高了决策的成功率。其次，平台使得新技术产品或服务的研究与开发能迅速得到协调的资源配置，这一过程优化了人力资源、信息资源、知识资源和技术资源配置，降低了供应链成本，从而使拥有不同特色和功能的产品以很低的成本集中于特定的细分市场或分销渠道。最后，平台能够有效提高技术资源转化为技术资本的效率，并站在较高的视点上，为新一代具有价值创造能力的新技术产品或服务的导入做好战略准备，从而极大提升企业的价值创造。吴国林（2005）认为平台是某一领域内一系列共享要素的集合，包括知识、信息、技术、人才及其相互作用。它形成一个有利于提出原创性理念、进行研究与开发、技术成果转化、收集创新信息、交流与扩散的共享平台，有效解决本地域或本产业的技术问题，从而促进技术资源产业化，实现企业价值增值。项宝华（2000）分析了国内外 IT 行业的平台战略，提出要重视平台在企业技术创新活动中的重要作用。王毅等（1999）认为平台有助于企业持续迅速地开发和集成新产品。在信息技术集中应用的 ICT 产业，平台运作模式被广泛采用。

第三章 网络平台的资产性质确认及网络效应的理论分析

　　网络平台是计算机科学和互联网技术协同发展的产物，在互联网经济下，其创新也主要集中在信息技术产业的开放源代码软件或自由软件的研发模式中。网络平台进一步推动企业研发活动向更高层次发展，形成技术开发者与用户间良性的互动循环。网络平台日益凸显的价值必将引起会计和财务的关注。基于财务学的视角审视，企业要利用平台资源创造价值，首先要使其成为一项资本（资产），这是平台产生价值的前提。开发出的平台资源只有经过市场交易、确认产权并投入生产过程，才能够被确认为平台资本（资产）。基于互联网等信息技术的网络平台，其自身特征决定了应划归为无形资产，但现有网络平台的研究多偏重于平台的网络外部性和双边市场特征，关于其是否应该被划归为一项资产，现有理论研究还处于探索期，国内外学者对此莫衷一是。随着认识的加深，学者们逐渐开始通过开放式创新、资源基础理论、双边市场理论、网络效应等理论和概念对网络平台的资产性质及其价值创造进行新的理论解释。

第一节 理 论 基 础

一、开放式创新

　　网络平台是对开放式创新的再优化，开放式创新是网络平台的理论基

50

础。网络平台一边与研发相联系，一边与用户相联系，同时基于互联网新技术的应用，与生产线、产品、用户、计算机硬件等实现智能化联系，且从用户角度出发，彻底打破了用户与资源之间的阻隔，大大提升了资源配置效率，第一时间满足用户需求，缩短了新产品开发时间，企业技术创新绩效大大提升。因此，有必要从开放式创新理论视角，进一步分析网络平台。

在封闭式创新模式下，企业完全依靠自身所拥有的生产要素资源来完成所有技术产品的研究与开发。产业中的大企业大部分是投入资金，建立自己的实验室，招聘当时具有高知识水平的人才，结果也往往会获得最先进的技术，最终获得产业中最大的利益，例如 IBM 公司。但进入 20 世纪末期，这些大企业发现，有价值的知识、信息和智力等生产要素资源分布日益广泛，企业自身不可能独立的开发所有重要的技术产品（Christensen，2010），且企业研发出的很多技术成果被搁置，没有为企业带来价值（Chesbrough，2003a、2003b、2004）。同时新进入者，例如 Internet、微软、Apple、Google，它们几乎没有自己的基础性研究，但却很有创新能力。它们善于利用不同的方式获得新创意，在其他企业的研究基础上进行再创新（Chesbrough，2003b）。网络平台重视采用现成的技术成果并加以第二次开发，企业边界模糊，且向外部的新思想、新知识和新信息等开放，一切创新资源在网络平台上实现快速流动和共享，这为参与其中的企业注入了新鲜的活力，企业会发现新的、有用的新技术产品或服务产出会大大提高（Katila and Ahuja，2002）。网络平台中，任务不存在分配，而是参与其中的企业或个人根据自己的兴趣及专长，基于一种快速信任（swift trust）而组建临时合作团队，自己决定自己承担的工作及工作量。这说明，网络平台是一个开放式的网络，各主体可以随时参与到该平台中，也可以随时选择退出。网络平台不断有新的组织或个人加入，使各创新主体能够与外界保持大量的联系。技术资源资本化的全过程因而变得更加开放、分散和民主（Chesbrough and Teece，1996；Coombs et al.，2003；Von Hippel，2005）。

切斯布洛（Chesbrough，2003）首次提出开放式创新概念，并据此对当今技术密集型、研发密集型大企业技术创新能力下降、研发投入回报率低等现象给予了合理的解释。切斯布洛的概念主要是针对美国具有很强研发能力的大企业存在的非此地发明（not invented here，NIH）的传统观念而提出的，且其背后的逻辑之一是外部创意一般情况下会比内部创意更有价值（Sakkab，2002）。通过开放式创新，平台参与企业可以通过在平台中接触互补性知识、信息、智力等资源的机会，测试新市场、新技术产品或新服务的重要性，从而强化企业技术成果的质量和创新速度（Deeds and Hill，1996；Lang，1996；Rothaermel，2001b；Soh and Roberts，2005；Dhanaraj and Parkhe，2006；Kupfer and Avellar，2009）。如果企业可以参与到大型跨国企业搭建的网络平台中，这种效果应该会更加明显（Gulati，1998；Soh and Roberts，2005）。奥尔特和史密斯（Ortt and Smits，2006）认为，传统的封闭式创新已不合时宜，单个企业的研发实力是不足以满足未来日益个性化、复杂化需求的。与传统的封闭式创新不同，开放式创新积极寻求外部技术特许、技术支持、战略联盟或风险投资等参与方，从而实现其新思想的商品化和市场化。企业从外部获得技术来支持企业产品多元化成为可能（Kim and Kogut，1996）。在开放式创新的基础上，网络平台的各参与主体是一个借助信息技术汇聚起来的创新共同体，参与其中的多是创新型中小企业和具有创新能力的个人。网络平台并非一个有形的共同体，而是由于特定任务而组建和存在，是"网聚"的战略性资产。利希滕泰勒等（Lichtenthaler et al.，2007）基于154家欧洲大中型企业的调查数据研究发现，授权许可、联盟、技术出售等技术外部商业化活动对企业价值具有正向影响。布德罗（Boudreau，2010）基于掌上电脑开发商的面板数据发现，授权外部主体使用研发平台和共享研发平台对企业价值具有正向推动作用。

可以看出，技术资源资本化的第一步"技术资源投入"已经不仅仅停留在企业内部，大量的技术资源可以从企业外部的第三方开发者（包括企业和个人）那里直接获取。这种资源获取方式表现出的开放性和共享性特征，使得企业研发的边界变得更加模糊。这种变化趋势得益于信息技术的发展，对时间和物理空间约束的突破，提高了外部技术资源获取的速度和便利性。外部技术获取往往被界定为一种搜索行为或是开放的搜索战略，同时也是开放式创新的重要组成部分（Laursen and Salter，2006；Hung and Chou，2013）。皮萨诺（Pisano，1990）指出，外部技术获取能够帮助企业缩短研发周期，节省内部研发所需要的时间和资金，降低成本风险。除此之外，外部技术的应用还能够为企业带来很多战略性收益：首先，外部技术获取能够丰富企业的技术知识，并有助于企业产生新知识，提高企业的生产力（Das and Teng，2000）；其次，企业通过搜索和使用从企业外部获得的技术，能够在积累知识的同时增强企业自身的技术创新能力，进而提高企业价值（Chatterji，1996）；最后，外部技术获取使得企业可以掌握更多新技术产品和研发流程的创新，提高企业技术创新能力，从而能够更好地满足市场需求，带来良好的经济回报（赵文红等，2010）。

目前，网络平台在开放式创新的基础上有了更广的范畴和更丰富的内涵，且已经超过了以往技术引进、技术许可、研发外包、技术并购等传统研发模式，涵盖了开放源代码、开放社群等新研发模式，为后续的研究者们提供了更为广阔的研究视野、范畴及路径。

二、资源基础理论

互联网时代，网络平台代表了一种基本的价值创造形式。资源基础理论更加注重企业资源尤其是异质性资源对企业建立和维持竞争优势的作用。网络平台打破了企业内外部边界，企业与企业或个人之间寻求有效的资源互补，共同为消费者创造价值。对这些资源的利用是网络平台创造价值的重要方式，并影响着企业的财务绩效和技术创新绩效。

韦纳费尔（Wernerfelt，1984）、鲁梅尔特（Rumelt，1984）、巴尼（Barney，1986a）、迪莱克和库（Dierickx and Cool，1989）共同勾勒了资源基础理论的基本框架。沃纳菲尔特（Wernerfelt，1984）和巴尼（Barney，1991）对能够创造价值的资源的属性进行了总结，归纳出以下四点：（1）必须是有价值的资源；（2）必须是稀缺的资源；（3）必须是不完全模仿的资源；（4）必须是不完全替代的资源。两位学者从资源的角度，阐述了不同属性的资产与企业价值创造之间的相关关系。国内学者方刚（2008）、章丹（2012）也都对资源基础理论进行了定义，丰富了资源基础观的理论基础。资源基础理论认为，企业价值取决于从市场经济中获得必要的生产资源，以便减轻企业后续价值创造活动所受到的诸多限制（Yuchtman and Seashore，1967）。无形资产理论（Itami，1987）和基于能力的公司多元化理论（Prahalad and Bettis，1986；Prahalad and Hamel，1990）是与资源基础理论并行研究中最重要的两项研究内容。伊塔米（Itami，1987）认为，有形资源对企业正常运营是必不可少的，而无形资源能够进一步提升企业价值。这里的无形资源包括技术、消费者信任度、品牌形象、分销渠道的控制、公司文化和管理技能等。伊塔米（1987）对有形资源和无形资源的研究与资源基础理论直接相关。但是，伊塔米（1987）的贡献在于，他不满足于仅仅解释为什么资源能够影响企业价值，还研究了无形资源对企业多元化商业活动的影响，这种研究视角将资源与企业价值创造这两部分紧密联系在一起。特克斯（Teece）被认为是最早开始将资源基础理论逻辑应用于公司多元化问题的学者之一。紧接着，普拉哈拉德和贝蒂斯（Prahalad and Bettis，1986）以及普拉哈拉德和哈梅尔（Prahalad and Hamel，1990）在特克斯研究成果的基础上，进一步强调了分享行业间无形资源的重要性，并指出这种分享可以通过利用企业多样化创造价值来实现。

资源基础理论不足之处在于，它关注的是企业内部资源，而忽视了企业之间的资源结合创造关系租金的事实，即单个企业的竞争优势通常是与该企业所在关系网络的优势相联系的。可见，一个企业最重要的资源可以扩展到企业边界之外。研究表明，在价值链中，只要贸易合作伙伴愿意进行关系专用型资产投资或投入能够有效整合各类有价值的资源，生产率就可以得到提高（Dyer，1996）。这表明，能够整合资源的企业往往比那些不愿或不能整合资源的企业更具有竞争优势。跨组织资源自身的异质性以及通过特定途径进行组合所产生的路径依赖性、难以模仿性，使得基于组织间合作关系的资源在价值创造中具有更重要的作用。理查森（Richardson，1972）研究了具有不同能力的组织间如何通过整合和交流来完成互补性资源的获取与利用。阿尔钦和德姆塞茨（Alchian and Demsetz，1972）的团队生产理论已经隐含了企业间能力整合的思路。他们指出，如果团队产出超过各要素独立生产的产出之和，并足以抵补企业组织和约束团队成员的成本，那么团队生产就会被采用；如果通过团队生产可以实现市场的净增长，那么，团队生产将替代独立个人产出的双边交换。换言之，是否需要采用团队生产方式取决于是否可以通过协作生产以实现个人能力的有机集合，从而带来生产率的净增加。特克斯（1997）提出了企业能力内外结合的整体分析思路。阿尔钦、德姆塞茨（1972）以及和特克斯（1997）实际上都提出了平台概念，但仅限于传统的存在于物理时空的平台。物理时空的重要特征是空间到场硬约束与固定时间规制硬约束（Zentner，1966），要求买卖双方在规定时间、现实空间到场才能完成交易。但这些都为网络平台的研究提供了新素材。传统意义的平台是提供一定服务的空间或场所，泛指为进行某项工作所需要的环境或条件。按照平台依托的载体不同，本书中所称的网络平台是指基于互联网、信息技术、云数据等构建的虚拟平台。网络平台的运作需要融合其他资产的参与，如各类技术、知识、信息、人力等。各类资产的高效完美融合，才能够最大化地创造价值。

基于资源基础理论，网络平台实现了挑选资源和聚合资源的功能，是快速配置资源的载体（徐晋，2007）。胡树华、汪秀婷（2003），陈俊、黄炜（2003），邱栋、吴秋明（2015），都提到了平台对资源的集成和共享。知识、信息、技术、人力等资源的物理时空约束是制约现代企业自主研发和合作研发的瓶颈，使得资源对企业价值的创造与实现的广度受到约束。信息技术的普及，网络平台整合了更广泛的资源供给者和需求者，体现出对产业内外资源的扩展、整合、共享和协调的功能，使得技术研发效率改进的效果更为明显。

三、双边市场理论

双边市场理论是当前研究网络平台问题的重要工具，也是现有经济理论中的新视点。谭瑞宗（2012）认为平台是一种促进双边或多边市场之间交易的便利性，且努力吸引交易各方使用以收取费用的现实或虚拟空间。在网络平台上，既有需求方，也有供给方。从概念上看，双边市场理论是指需求方数量的增加对于供给方而言是有价值的，反过来，供给方数量的增加对需求方而言也是有价值的。对于供给方而言，开发者提供日益丰富的、多元化的、个性化的应用或软件等技术资源。由于受自身资源的限制，搭建网络平台的网主企业不能也不可能凭自身力量来满足需求方所有用户日益变化的新需求；网主企业将具体的开发任务交给参与其中的中小企业和个人等开发者来实施，并与开发者一起协同为用户提供优质的、丰富的、精品化的应用、软件。对于需求方而言，用户资产作为企业的一项重要无形资产，其重要性已经受到广泛关注，网络平台能有效地争取到更多用户资源及保持已有用户的忠诚度。用户忠诚度是用户对某种品牌或企业的依赖、维护和希望再次购买的一种心理倾向和重复购买行为，其对企业业绩的贡献远大于用户满意。网络平台面临的一个重要问题就是如何吸引足够多的用户参与平台。莱斯曼（Rysman，2009）曾指出，双边市场存在的必要前提是一方用户能够通过网络平台与另一方用户互动而受益。只有双边群体同时参与到平台中，并同时对该平台提供的产品或服务有需求时，该平台才能通过获利而体现其价值。

德芒热和盖尔（Demange and Gale，1985）最先给出了双边市场的描述性界定。他们认为，在双边市场中，参与人是卖方和买方，且参与人之间形成一种伙伴关系，并同时进行货币交换。2004 年法国产业经济研究所（IDEI）和政策研究中心（CEFR）联合主办的"双边市场经济学会议"掀起了双边市场理论研究热潮。双边市场以"平台"为核心，将双边市场作为一种独立市场实体进行研究是近年来信息技术产业经济学的最新进展之一。双边市场的基本理论已经成形。现有研究一般将双边市场分为四类：交易中介、媒体、支付工具和软件平台。软件平台的例子在高新技术产业中很常见，如 Apple 的 App Store、Google 的 Android 等。软件平台的双边市场存在两边用户，一边称为卖方（seller）；另一边称为买方（buyer）。买方要使用卖方的产品，必须通过平台来实现，因此，也有人称这类平台为共享投入平台（Evans，Hagiu，Schmalensee，2004）。对软件平台来说，有用户和应用开发商两边，甚至存在多边市场，例如硬件、应用软件和用户三边。网络平台的基础是全球经济的迅速蔓延和信息技术的飞速发展。网络平台本身也是一种宝贵资源，它是在企业长期的供需关系中逐渐形成的，其基本思想是：企业既可以利用其他企业的技术创新成果，也会将自己的专利成果与参与平台的中小企业和个人共享，从而让另一边的用户享受到最好的产品或服务。

总而言之，作为一项载体资产，网络平台增强了软件开发者与用户间的供求关系。用户的增长会刺激软件开发者的增长，而软件开发者的增长也会影响用户的使用情况，产生相互促进的循环过程，从而导致网络平台的两边用户基础越来越庞大。这充分体现出在网络效应的作用下，网络平台两边用户增长的迅速，形成了用户基础庞大的双边市场。

四、网络效应

网络平台是生产要素配置优化和集成的载体，由于网络效应的存在，网络平台可以汇聚大量资源，并创造和传递更大的价值。网络效应（network effect）是研究网络平台的一个重要理论基础（谢德荪，2012；Gawer，2014）。在网络平台的控制下，软件开发者对用户有正的网络效应，用户对软件开发者也具有正的网络效应。两边或多边的网络效应，体现网络平台的作用和外在竞争。

网络效应促使平台规模增长，并带动平台双边用户效用的提升。与传统工业经济环境受物理时空约束相比，互联网经济环境下的网络平台能够快速在无限经济时空黏合大量的供需双方，其产生的网络效应非常显著。通过网络效应实现供需主体的集聚经济与规模经济，是网络平台提升技术研发速度和质量的基础。网络效应对需求方规模经济有级数扩张作用，增强了用户对平台的黏性，固定了需求方规模经济，对企业价值创造和实现至关重要。同时，遍及全球的实时协同价值网络，完成需求方与供给方的实时对接，时间与组织生产率紧密相关，带来了企业价值创造的全新视角。网络效应使得平台上供需双方呈现"赢家通吃"的结果（Evans and Schmalensee，2007）。以往的研究成果也多重视网络效应的作用。随着信息技术的飞速发展和网络平台运营和管理的日益完善，网络效应的正外部性是网络平台不断研发新技术和新服务的重要驱动力。贝切克等（Becheikh et al.，2006）在选择 108 篇制造业技术创新的实证研究中，没有关于网络效应对技术创新的负面影响的报告，大部分研究都报告了正面影响。

罗歇和蒂罗尔（Rochet and Tirole，2001）指出，许多具有网络效应的市场都是由不同两边的出现所表征，这两边的最终利润产生于它们在同一平台上的相互作用。同一市场内的双方具有相互依赖性，经济学家把这个现象称为网络效应或者需求方的规模经济。在正网络效应的作用下，平台对于任何一个用户群体的价值，在很大程度上取决于网络另一边用户的数量。平台对网络两边的用户需求匹配得越好，价值就越大。网络效应分为同边网络效应和异边网络效应。同边网络效应是指随着某一边群体的用户（如供给方）

57

不断增多，在该边的每位用户的效用都会增加。异边网络效应是指随着某一边群体的用户（如供给方）不断增多，在另一边群体的用户（如需求方）效用会增加。成功的网络平台，应该能激发正向的同边网络效应和异边网络效应。当同边网络效应促进 A 边的用户群体快速增长，积累到一定程度后，会触发 B 边的用户群体也快速增长，B 边的增长反过来又促进 A 边的增长，这样就形成了一个网络效应的"正向循环"，也称之为平台的递增规模收益。以软件平台为例，软件开发商数量的增加，促使企业业务愈加丰富，从而吸引大量的用户加入平台中，使得用户数量的增加，这样双边就出现一个明显的"正反馈效应"。

网络平台的成功，很大程度上源于其固有的网络效应，平台能否吸引其中一边群体不取决于平台本身，而取决于附着在该平台另一边的群体规模。只有双边群体同时对平台所提供的产品或服务有需求时，平台上的产品或服务才真正有价值，否则该平台的产品或服务的价值就不存在。

第二节　网络平台实践运用的起源及其演进

2011 年全球 IT 界的许多里程碑事件中，信息技术在其中都占有浓墨重彩的一笔。网络平台的发展离不开现代信息技术的发展，它是适应信息技术发展创新形式的新产物。本章将对网络平台的发展历程进行回顾，依据网络平台的特点进行归纳研究，从而为第六章分析美国公司 App Store 平台和谷歌 Andoird 平台做出铺垫。

网络平台发展史，是传统存在于物理时空的平台被新一代存在于虚拟时空的网络平台所替代的过程。传统平台源自 2000～2009 年的产品需求，包括 Symbian、黑莓 OS、BREW 和 Windows Mobile。Symbian 在成功开源尝试后，Nokia 被淘汰。过去 Symbian 平台一直占据智能系统的市场霸主地位，系统能力和易用性等各方面都遥遥领先。但是，在触摸大屏时代，诺基亚缓慢的反应速度、低下的硬件配置和不够开放的理念，让 Symbian 逐渐没落。Blackberry OS 是加拿大 Research In Motion 公司旗下黑莓手机独有的操作系统，其主打的功能是高安全性的无线手持邮件解决方案。QNX 是由加拿大

QSSL 公司开发的分布式实时操作系统。当时的市场普遍认为，RIM 公司全新的 QNX 操作系统取代过时的黑莓操作系统，将为黑莓带来新的生机。新一代平台深受创始者 App Store 影响，针对网络经济和第三方开发者而设计，还包括 Android 和 Windows Phone。2011 年 2 月，诺基亚与微软达成战略伙伴关系，决定将 Windows Phone 平台作为其主要的智能手机操作系统。8 月，苹果公司以约 3370 亿美元的市值，成为全球市值最高的上市公司。同月，谷歌公司宣布与摩托罗拉公司达成协议，以每股 40 美元，总价 125 亿美元的价格对摩托罗拉移动展开收购。还有数家取得类似这样成绩的企业。美国高新技术企业无论从数量还是规模上都急剧扩张，甚至可以说是呈现爆炸式增长态势。近年来为美国经济高速增长做出主要贡献的是 500 家软件公司，且这些软件公司对世界经济发展的贡献并不亚于名列前茅的世界 500 强企业所做出的贡献。美国公司完全控制了网络平台领域，所有智能手机平台都是美国公司设计的，可以说美国是第三方应用软件开发平台兴起的源泉。这里首先介绍智能手机操作系统的发展，对主流智能手机操作系统进行比较和分析，并从当前智能手机操作系统的发展、用户的需求和移动终端的快速普及，展望主流智能手机系统的发展。利用归纳法，笔者总结了 7 大第三方开发平台的起源和发展历程，如表 3 - 1 所示。

表 3 - 1　　　　　　　　　第三方开放平台的起源及分类

平台	所属公司	OS 来源	部署年份	国家	现状
Symbian	Nokia，移动电话起家	PDA	2000	欧洲	已被淘汰
黑莓 OS	RIM，无限消息起家	双向传呼机	2000	加拿大	被 QNX 替代
BREW	Qualcom，无线芯片起家	功能手机	2001	美国	吸引力微弱
Windows Mobile	微软，PC 软件	PDA	2002	美国	已被淘汰
App Store	Apple，个人电脑	个人计算机	2007	美国	智能手机平板领导者
Android	Google，在线广告	从收购智能手机 OS 开始	2008	美国	智能手机销售额领导者
Windows Phone	微软，PC 软件	新开发者	2010	美国	未经证实的智能手机挑战者

笔者按照第三方开发平台的特点，将开发平台划分为三大类型，即软件平台、应用平台和通信平台，并致力于回答如下问题：网络平台的出现、发展存在什么样的规律，如何进行分类？市场中具有代表性的网络平台如何构建，以及成功因素有哪些？网络平台这一新技术的出现对高新技术产业中市场个体，包括运营商、开发商带来什么样的影响？这些代表性的网络平台的成功能够给中国企业带来什么样的启示？对上述问题的研究，详情如表 3 – 2 所示。

表 3 – 2   第三方开发平台分类

平台类型	目的	面向客户	网络效应	例子
软件平台	分担软件开发费用和风险	设备制造商	封闭式网络	Symbian，BREW
应用平台	对接开发者和用户	开发者	从用户到开发者；从用户到用户；从开发者到开发者	Android，iOS
通信平台	促进用户之间的通信	用户	从用户到用户	黑莓

软件平台的特点是最大限度地利用平台技术，研发出多样化的产品，分担产品开发的成本。Symbian 是软件平台的典型代表。就 Symbian 平台而言，黑莓是一个成功的沟通平台，通过移动 E – mail 和著名的 BlackBerry Messenger（BBM）来服务用户。通信平台也有网络效应，每个新用户都会为其他用户增添网络价值。通信平台的典型代表就是用于用户联系的传统固话网络。

因为通信需求关注点狭窄，而黑莓的网络效应重点是在用户和用户之间，而不是用户和开发者之间。App Store 和 Android 平台的成功应用，满足了用户的广泛需求，创造的价值远远超过了黑莓，因而 RIM 正在积极尝试将黑莓演化为应用平台。应用平台连接两个分离市场（用户和应用开发者），它超越了传统的单纯以技术为上的研发理念，将用户与开发者的单项信息传递模式转变为互动模式，促进了应用及软件研发效率的提升。同时，通过第三方应用平台，用户对产品或服务的意见将会实时反馈给开发者，为开发者继续研发提供最及时的一手信息，为解决供需之间脱节问题提供了可行途径。微软 Windows 是成功的老牌应用平台。PC 若没有应用就毫无用处。

由于大部分 PC 应用都是在 Windows 操作系统上被开发的，所以用户需要购买一个 Windows License 来使用这些应用。成功的应用平台还具有很强的网络效应。应用吸引用户，用户吸引开发者创建更多应用，更多应用反过来又吸引更多用户，更多的用户又会吸引更多的开发者。每个新应用从最终用户角度看都增加了平台价值，每个新用户从开发者角度看也都增加了平台价值。

　　用户和应用开发者之间强大的网络效益是 App Store 第三方应用平台具备的一个重要功能。经证实 App Store 的网络效益比 Nokia 的供应链和发布渠道更加强大，并导致 Syrabian 的淘汰。苹果 App Store 的空前成功宣告应用平台的胜出。在 iPhone 之后的新平台，包括谷歌的 Android，都尝试复制苹果应用平台的路径。但 Android 平台是开源式的，但仍然强调对核心技术的所有权持有。开放源代码的好处是使开发者（既是开发者又是用户的共同研发体）能在前人已经完成的基础上继续前进而不会做太多重复性的工作，成员之间的对接与交流也很方便和快捷，不会因为一些人的放弃而导致断层的出现。但 App Store 封闭式的好处是能够保证软件开发人员的利益，鼓励他们更好地开发更多的应用软件。在 2008 年福布斯杂志"高科技十大现金之王"的评选中，微软公司获得 2906 项专利，名列第二；Intel 获得 1537 项专利，名列第三。在评选出的十家公司中，美国公司的表现最为突出，2010～2016 年，苹果蝉联"最具价值品牌"的宝座。Nokia 明确将 Windows Phone 作为未来的手机平台，促使用户离开 Symbian，断送了 Symbian 启动网络效益的机会。微软也在积极尝试启动应用平台的网络效益，他们鼓励开发者研发更多满足消费者需求的新应用。Windows Phone 有着网络平台所有的特性，从高度一致性到对应用开发者的强烈吸引。如今，微软的 Windows Phone、苹果的 App Store 和谷歌的 Android 是全美并列的最成功的应用平台。网络经济重要的经济特征是：打破物理时空约束、改变交易场所、扩展交易时间、加快交易速度、减少中间环节。从表 3-3 中可以看出，App Store 平台拥有最多的移动应用软件数量，牢牢地把握住了高端触控市场，而 Android 平台和 Windows Phone 平台并列拥有第二多的应用软件数量，在销量上拥有绝对优势。三大平台在整个信息技术产业链中处于支配地位。

表 3 - 3   第三方应用平台的应用数量

平台	应用数量	平台类型
App Store	500000	应用平台
Android	300000	应用平台
Windows Phone	300000	应用软件
BREW	N/A	软件平台
Symbian	25000	软件平台

第三节　网络平台中研究与开发（R&D）的网络效应

　　网络平台同大数据、云计算等一样，是信息技术领域内又一次颠覆性的技术变革（徐宗本等，2014），其所具有的网络效应和双边市场特性使应用或软件的研究与开发在虚拟时空成为现实，打破了传统物理时空约束，改变了交易场所，拓宽了交易时间，加快了交易速度，减少了中间环节。网络平台具备跨越地域和时空限制的特征，成功的企业不断利用网络平台来提升技术研发的速度以满足消费者日益变化的需求，这决定了其在价值创造和价值实现上对传统应用、软件研发的颠覆。很多企业（特别是大型国际企业）已经意识到网络平台带来的巨大潜在效益（即价值创造），应用网络平台，企业技术研发的流程已经发生革命性的变革，极大提高了研发的速度和质量。

　　技术研发是一个典型的投资行为，具有投资期限长、收益不确定、风险大等特点，不同于一般的短期投资项目，属于长期投资项目。对于技术资本这种稀缺资源要素，企业管理层因其具有的这些特点，会减少对其的投入，进而会引发中高端技术资本供给不足的问题。传统存在于物理时空的技术生成方式有三种：个体创造、大学科研院所的集体科学研究及企业自建的工程和研发中心。这三种方式均有时空到场和资源到场的硬约束。个人创造的科学性和可行性较差；大学和科研院所依托强大的科研力量，产出的具有一定水准的科研成果，具有科学性等特点，但是科研院所创造的技术有可能大多数属于基础研究，应用研究较少，就算有不少的应用研究成果，也往往因为没有顺畅地转化为生产力的途径而闲置；企业自建的工程和研发中心最可能迎合市场需求，但是高水平研发人员水平较为缺乏，技术水平和大学科研研院所相比较低。所以基于大学和科研院所研发的技术一般比个体和企业自带的集体科学研发成果要高，但也存在科研成果转化难、迎合市场需求难和资金短缺难等一系列问题。有数据显示，中国技术闲置率约为90%，而发达国家技术闲置率仅为30%～50%。网络平台重视提高我国闲置技术转化为生产力的能力，具体表现在两方面：一是网络平台集聚优秀的应用或软件，并对其进行二次开发，提高了应用或软件的转化率。二是网络平台能够快速在虚拟时空黏合大量的供需双方，信息和知识等资源的实时流动，使得参与平台的主体相互合作，从而对需求方的新需求迅速做出反应，达成供需的匹配，推陈出新。在此过程中，供给方的时间变得更加灵活可控，研发人员不必拘泥于线性的、机械的固定上班时间，往往只需利用碎片化的零散时间就能完成研发活动，使得研究人员的时间价值得以优化提升。

美国苹果公司的 App Store 第三方开发平台就是典型的网络平台。它搭建起了用户和开发者之间的交流平台，所有的开发者都可以将开发的应用、软件等技术产品发布到平台中，所有的苹果消费者都可以从该平台上免费或付费下载应用。目前，App Store 第三方开发平台的下载次数已经超过 200 亿次，第三方开发软件的销售为苹果公司带来了丰厚的利润。苹果公司成功运用平台网络效应对技术资本创造企业价值全过程进行优化，进而带来企业价值增值的做法，对中国企业解决技术资本研发过程中的各种"瓶颈"提供了有益启示，平台网络效应在四个方面表现得尤为突出，中国企业可积极借鉴：（1）研发成功的可能性大大提高。一方面网络平台优化了研发资源的配置，克服或降低物理时空约束，资源可以"零时间瞬连"到任何组织与个人，加快了信息、知识、智力和技术等资源的流动，有效克服了单个企业存在的资金不足、信息来源不足、知识缺乏等缺点，各个研发体充分利用网络平台中的研发资源，提高了技术资本研发成功的可能性（Stuart et al.，1999；Witt，2004）。另一方面网络平台减弱了供需双方信息不对称的程度。需求方个性化和差异化的需求信息在平台上是完全透明和充分流动的，供给方根据这些信息提供满足消费者需求的多样化新产品，供给方与需求方间良性互动是研发成功率提高的重要原因。（2）企业研发成本低。网络平台使得技术研发已不再是一种高成本活动，而成为世人皆可进行的一种低成本活动。BroadGroup 的报告显示，企业若部署网络平台，25%的企业软件开支将被节省。（3）研发风险小。网络平台的低风险特征主要体现在技术创新风险的可控性和产品市场风险的可控性。网络平台扩宽了信息的来源渠道，加快了知识的传播和扩散，有助于企业较早地发现新机会，准确掌握新产品或服务研发的可行性和风险性，从而有效避免了产品与市场不能实现顺利对接的冲突，降低了产品商品化和市场化过程中所产生的风险。（4）研发活动超越了企业边界。网络平台的资源开放程度更高，强调参与者的自由与自愿，超越组织边界和地域限制，汇聚众多利益相关方，具有显著的"边界模糊"的特性。

第四节　网络平台的资产性质确认

按照《企业会计准则》对资产的解释，资产是指预期会给企业带来经济利益的资源，它是由企业拥有或控制，并且由过去的事项或者交易形成。网络平台根据会计学对"资产"的定义，是企业拥有或控制的可辨认非货币性资产，且不具有实物形态。其中可辨认性的两个标准为：一是来源于合同性权利或其他法定权利，不管这些权利是否可以从企业或其他权利和义务中分离或者转移；二是能够从企业中划分出来或者分离出来，且能单独或者与相关资产负债及合同一起，用于授权许可、转移、出售、交换或者租赁。资产是资源的转化形式。在笔者看来，一项资源是否可以被确认为一种资产，有两点应当是明确的：一是它必须与特定的主体相联系。资产是由特定法律主体拥有或控制的资源，资源不能脱离法律主体而成为资产。二是对于拥有资产的特定主体来说，资产具有潜在的、即将获得的经济收益。即资产能在未来的一段时间为其相应的主体带来一定的经济利益。

一般来说，资产的概念不仅在会计学中有广泛的应用，同时涉及经济学。新要素资产是现代经济学对生产要素不断扩展内涵所赋予技术、知识、信息等生产要素的"新"含义。经济学中的资产是指人类进行物质资料生产所必需的、能够产生经济价值以及提高人类当前和未来利益的要素与条件

（周寄中，1999）。资产代表企业先进的生产力，是企业能够开展生产、经营等经济活动的物质资源，但随着企业外部经营活动的变化，资产的形态、结构及其价值都在随之发生变化。以生产企业为例，一个持续经营的生产性企业，每一项经济活动，总是从货币购买各种生产要素开始，再把这些生产要素加以结合，投入生产，生产出产品或服务，再通过销售，收回高于投入成本的货币，经济活动结束。其中，生产要素的投入，凡未耗用而仍然由企业持有的部分，产品未销售而余存的部分，产品虽已销售，尚未收到货币，但却已经具有收取权的部分，都是企业各种形态的资产。只要企业还在经营，企业的资产总是在循环变化的。会计学上的资产是通过市场配置而流入企业，交由企业家在企业内部再次配置并运用的资源。资产的主权（主要包括所有权和剩余索取权）不属于企业而是投资人。资产必须具有交换的特征，即可全部或大部分转化为生产要素。在现代企业中，资产分为重资产和轻资产。重资产包括固定资产、厂房、生产线等可以在短时间内通过大规模投资或外购等方式构建。而轻资产作为企业的一种独特资产，不仅包括品牌专利，也包括市场基础资产中强调的知识资产、客户关系、渠道和网络，以及其他无形资产，如技术研发能力、产品营销能力、供应链、人力资源、管理者制度和流程等（Barney，1986；Furrer et al.，2004；Mahoney and Pandian，1992；孙黎等，2003）。经济学对资产的研究更多侧重于把资产视作一类生产要素来解释宏观经济增长和微观企业价值创造，而忽略资产的具体存在形式和范围。会计学不仅关注资产对微观经济主体的功能发挥和价值贡献，而且关注资产的具体存在形式和范围。

迈克尔·哈耶特在《平台战略》一书中提出，有效平台是当今企业适应外部经营环境变化成功的必要战略资产。网络平台类似于技术资本概念中的研发中心，其是企业为核心战略产品研发而设立的独立运行、可单独出售的研发机构，它们通常具有很好的市场价值，也可作为一个整体对外销售或投资，增值潜力巨大。网络平台是否具有资产属性的前提是，网络平台是一种生产要素。生产要素的确认不是随意的，不能仅凭主观意志进行，应该有一个基本的标准，即客观依据（罗福凯，2010）。罗福凯（2012）认为，这个客观依据具有如下标准：（1）时代性标准。生产要素的确认要符合经济发展和社会进步的真实内容和内在要求，能全面和客观地反映全社会物品生产和服务提供。（2）商品性标准。商品是通过市场进行交换的劳动产品。商品交换要通过市场，市场是商品交换的场所和渠道。商品具有两个因素，即使用价值和价值。"物的有用性使物成为使用价值"，因此，使用价值就是物品对人有用处。由于使用价值离不开物体本身，因此，既可以说这种物品有使用价值，也可以说物品本身是有价值的。商品的交换价值不能直接表现出来，需要通过与另一种商品交换来表现。因此，商品的交换价值是价值的表现形式，而价值是交换价值的内容或基础。在市场经济条件下，生产要素也是一种商品，必然要具有商品的一些基本属性，即具有服从价值规律、形成要素市场、具有独立产权、能够自由流动、追求价值增值目标、具有价值机制等属性。（3）规模性标准。作为生产或经营的某种因素不是个别的、偶然的、突发的，而是普通的、必然的、稳定的，这种因素才能构成生产要素。（4）相对独立性标准。这又包括三层意义，一是各要素之间可以相互独立，以独立的商品形态出现在市场，并进行交易和流动；二是各要素有着各自的运动规律；三是除劳动力之外，其他生产要素均能够从"人体"中相对剥离出来，以独立的使用价值形态出现在市场上。通过以上判断标准，网络平台除了体现一定的资产共性等属性外，还具有自身独特属性。比如网络平台资产除时代性、商品性、规模型和相对独立性外，可能还拥有以下九个方面的共性属性，分别是增值性、开放性、集聚性、成长性、创新性、外部性、异质性、共享性和耦合性。

　　网络平台应该是一个可以单独列出的生产力要素，这是社会经济发展到当今时代的一个新产物，也是生产要素内容上的一个新突破。增值性是任何一种资产的共性特征。资产都具有增值性，但增值能力差异较大，这主要取决于资产的个性特点及配置效率。网络平台有助于企业更清楚地了解各行业技术资本的存量分布状况、技术实力、技术利用效率方面的差距，并意识到自身技术水平及在行业中的相对位置，使之有目的、有重点地加强技术资本配置管理，提升技术资本在要素资本中的配置以及技术资本的内部配置。技术资本配置结构合理，技术资本才能得到有效积累，才能最大限度地促进企业价值增长。开放性是指网络平台的组织边界是开放的，与外界环境之间存在输入和输出关系，根据创新需要，可以将外部优势资源吸收到平台中，良好的开放性是平台与外部环境进行交流的关键。集聚性是指平台积聚产业内外有关的创新资源，并运用于产业的技术创新。平台在创新过程中处于技术研发和技术扩散的中心位置，是产业技术创新体系的重要联结点。成长性意味着网络平台具有生命力，可以能动地适应环境，通过信息反馈来调控自身结构与行为，与环境相互适应，从而开展网络平台创新活动，实现网络平台技术知识生长、衍生和变异，促进企业组织的创新能力的成长。创新性是指任何一项技术的诞生都伴随着创新特质，这是技术区别于一般资产的个性特质，也是网络平台新颖、独特的内在本质要求。外部性是网络平台的典型特征。网络平台可以有效吸收第三方开发者的技术资源，并在此基础上进行二次开发，然后将这些技术资源确权和进入买卖交易环节，这些过程不可避免地会产生外溢，对外部经济体产生一定影响。异质性保证了网络平台上技术资源的差异化和市场需求。为了持续创造企业价值，网络平台会不断自主研发或从第三方开发者那里获取差异程度较高的技术，此为网络平台的异质性。共享性是指网络平台以资源共享为核心，打破企业组织资源的分散、封闭和垄断状况，并在一定的规则作用下，创新资源及创新成果被不同的创新主体共享。耦合性是指网络平台各创新主体之间、主体与创新资源和创新目标之间等结成一定的网络关系，实现平台主体、决策、创新、资源配置、监测评价等各系统模块之间的无缝衔接，发挥平台体系各模块的耦合效应，提高平台的技术内生创新能力。

网络平台被转化为企业的战略性资产，用于投资、生产与应用新技术产品和服务，以此满足消费者不断增长的新需求。网络平台是一种灵巧的研发模式，没有固定的办公地点，没有固定的工作人员，没有物质设备资本的投入，通过信息技术提供汇聚大量利益相关者在虚拟空间，属于"多对多"的企业关系形态，其本质是界面规则，是一种专属性资产。罗福凯（2008）将"网络"视为一个可以被单独罗列出的生产要素，而这个"网络"的产生与存在，实际是一个共享与分享平台的产生与发展。美国竞争力委员会于1999年在"走向全球：美国创新新形势"的研究报告中提出，平台是最有价值但未被充分认识的国家资产。网络平台资产不同于传统的以物理形态存在的资产形式，随着信息技术的发展和互联网技术的普及，其技术资产的研究与开发位于虚拟时空中，存在形式和运行方式也都是虚拟化的。网络平台走的是没有起点和终点的网络互联线路，它能延伸至互联网经济的各个领域，也将受益于全球技术战略资源。按照资源基础理论，网络平台具有挑选资源和聚合资源的功能。因此，作为一种异质性资产，网络平台在互联网经济中是极其重要的。笔者认为，网络平台不仅具有自身的专属性，同时也提供了资源交流和集聚的场所。根据前述资源的特点，资源是一个企业价值创造的重要来源，必须是有价值的、稀缺的、不能完全模仿和难以替代的（Barney，1991）。将网络平台视为一种资产，具备以下特征：一是网络平台满足既具有消费者规模经济也具有供给方范围经济的特点，在持续满足消费者不断增长的新需求的同时具有"高效率、低成本"满足消费者需求，被认为是有价值的；二是网络平台各参与主体分享研发资源，碰撞出无数智慧火花，能开发出许多机会或者抵消企业内外部经营环境中受到的威胁，被认为是有价值的；三是网络平台能够让企业拥有或行使能够提升生产效率和企业影响力的战略，因此，网络平台是有价值的。综上所述，互联网经济最有价值的资产就是网络平台。现实中，网络平台资产长期以来被学术界和企业界所忽略，这主要有两大原因：一是人们把实体经济的生产要素与虚拟经济的生产要素混为一谈，只看到两者的共性，而忽视了两者的区别；二是人们在考察生产要素的时候往往脱离了微观角度，而片面地从宏观角度分析。只有以微观为基础，面向宏观，才能在生产要素问题上得到更完整的认识。

网络平台资产性质的确认至关重要，尤其是现实的迫切需要。首先，从实体经济的发展现状上来看，当前实体经济的信息化趋势日益加强，而信息化的主要标志就是网络化，网络化正以突飞猛进的速度渗透于实体经济当中，成为实体经济中各个部门不得不依附的一个生产经营因素。网络平台正广泛应用于电子商务、第三方支付、搜索引擎等新兴领域，以及软件行业、银行卡组织、传统零售行业等传统领域。其次，从网络经济的本身来看，网络平台是互联网经济中一个最基本的生产要素。所谓"网络经济"，是经济运行过程中信息的获取与处理，甚至经济活动中诸多环节，甚至经济效应的产生都更多地依赖计算机网络技术及通信技术为基础建立起来并不断扩展的全球化的互联互通经济形态，它作为新技术革命的产物而极大地改变了世界经济运行的面貌。网络经济的出现和发展突出地表现在信息技术的飞速发展和广泛应用，信息技术的发展史就是网络经济的形成史。网络经济由实体经济中产生，并直接服务于实体经济。但是网络经济又具有相对独立性，随着其自身规模的扩大和组织架构的不断发展，它又有着自身的运作方式和运动轨迹，而相对于实体经济，其呈现出较大的独立性和自主性，如网络银行、网络书店等虚拟企业和众多网站的运营就是如此。这些网络平台经济部门进行经营的首要物质基础就是网络平台。在这里，"网络平台"符合我们在前文所提出的关于确认生产要素的标准，所以应该成为一种新资产。

　　无疑，网络平台已经成为发达国家特别是美国商业中一个与劳动、资本在重要性上占据同等地位的主要资产。拥有和利用这项资产来提高生产效率，增加企业的市场价值和增强企业的竞争优势，已经成为企业面临的主要问题。受现行会计准则的限制，网络平台资产被排除在会计系统之外，体现为表外资产。因此，要将网络平台资源转化为会计上的资产，在会计计量、确认和报告方面还有许多问题需要研究，对此，本章不再具体讨论。

第五节　网络平台的资本化过程及其市场价值

　　从财务学的视角来看，根据新兴要素资本理论，网络平台要发挥作用、创造价值，其自身并不是最终应用的对象，关键是要转化为网络平台资本。只有将网络平台转化为资本，才能启动资本的运营机制为价值创造发力。网络平台资本能够对企业的技术资本的生成及价值的创造起到明显的促进作用。资本与网络平台是密切联系在一起的。所谓资本，就是一种能带来经济利益的东西，是一种可以增值的东西。如果网络平台只停留在技术意义上，没有为行动者所利用，没有给行动者带来盈余，那么网络平台就不是资本。网络平台一旦被人们加以工具性地利用，网络平台就已经资本化了。像其他形式的资本一样，网络平台资本也是生产性的，它使得某些目标的实现成为可能。为了考察网络平台是否属于资本，先回顾一下经济学家们对资本的看法与主要观点。

一、资产转化为资本的理论基础

　　资本起源于 12 世纪的意大利，最初表现为"资金""存货""生息本金"等，14 世纪被广泛应用，且专指某个商号或商人的资金。资本概念的演化共分四个阶段：古典经济学阶段；近代西方经济学及新古典经济阶段；马克思的资本理论阶段；现代资本理论阶段。

古典经济学阶段的资本概念，亚当·斯密为主要代表。斯密把资本和劳动看做影响经济增长的两大要素，并认为资本是为了生产目的而进行的资产型储备，资产形式有多种，货币只是其中之一。近代西方经济学和新古典经济学的资本概念十分庞杂，主要代表人物有萨伊、庞伟巴克、马歇尔和萨缪尔森等。萨伊认为"只有分配在整个人类劳动机构上的货币、且事先存在于产业装备上的货币才是生产资本"。他把资本、土地和劳动视为生产的三要素。庞伟巴克是奥地利的重要代表人物，是第一个较系统地阐述资本概念的经济学家。他将资本分为狭义和广义。狭义的资本概念是指生产资本或社会资本，即生产手段；广义的资本是指私人资本即获利的手段，但不包括劳动力和土地。他给资本下了两个定义：一是资本只是迂回过程中的各个阶段里出现的中间产物的集合体；二是资本是作为获得货币的手段的产品。新古典经济学的鼻祖马歇尔将资本解释为能够带来收入的具有可预见性收入，劳动、土地和资本都是生产要素，且资本和劳动的关系是用资本去创造劳动。新古典经济学追随者、边际学派的代表萨缪尔森在继承马歇尔经济思想的基础上，提出资本是一种被用作投入的生产要素，以便进一步生产物品和劳务。劳动力和土地通过资本这个中介来进行产品或服务的生产，而土地和人力资源都可以资本化。萨缪尔森突出强调了企业若没有设备、劳动、技术、资源、知识等将无力维持正常生产活动，而拥有此类要素的主体将会随市场需求动态获取超额利润。

古典经济学家、近代西方经济学和新古典经济学家都将资本视作一种单独的生产要素，而在马克思看来，资本是能够带来剩余价值的价值，包含两层意思：一是资本自身具有价值；二是资本是能够带来超过自身价值的价值，即资本具有增值性。货币和商品，正如生产资料一样，开始并不是资本，它们需要转化为资本，但这种转化本身只有在一定的情况下才能发生。马克思还将资本划分为不变资本和可变资本，且重点论述了可变资本对资本主义生产方式的意义，忽略了实物资本对经济发展的重要性和贡献。在这里，可变资本表现为原料、燃料、辅助材料、包装材料等劳动对象和劳动力所构成的部分生产资本。不变资本则是厂房、机器、设备、工具等劳动资料构成的部分生产资本。马克思学派的资本理论主要强调资本的商品性，重视市场流通与交易对资本生成的重要作用，且认为资本体现出实物的自然属性和社会的生产关系属性。秘鲁经济学家德·索托在其著作《资本的秘密》中另辟蹊径、深层剖析了资本的产生条件。索托指出，资本、资本主义社会制度之所以能够在西方国家取得成功，其秘密在于西方发达国家赋予了令资源转化为资本的有效经济机制。任何资源想要转化为资本，都需先具有明确的产权形态，即"资产+所有权形态=资本"。实际上，索托的资本理论扩展了马克思学派的观点。他认为只有当人力、实物、技术同货币一样在国家法律体系中得到充分认可，产权清晰，且能够在不同经济主体之间自由地流通，各类资源才能真正充当起资本角色。

舒尔茨提出的人力资本开创了近代经济学资本概念的萌芽。舒尔茨将厂房、机器设备、原材料、土地、货币和其他有价证券称为物质资本；将体现在人身上的生产知识、劳动技能、管理方法和健康素质等资本化称为人力资本。根据舒尔茨的资本理论，人是影响经济发展诸多要素中最关键的，经济发展取决于人的质量的提高，而非自然资源丰瘠或资本多寡。舒尔茨的研究得到学界认可。但在舒尔茨人力资本理论产生50年后，现实告诉我们，人力资本并不包括知识和技术，如同物质资本不包括人力、技术和空气一样。然而，在经济学上，同效用偏好和资源禀赋一样，技术也被假设不变。事实上，半个世纪以来，技术的变化程度可能远超世界上任何事物的变化，以至于技术被视为唯一可以替代自然的系统。很明显，技术不变假设降低了均衡模型的解释力。快速发展变化的科学技术，不能总被假设不变。一旦它被更好地理解，将使得经济理论的包容性更强。紧接着，资本概念得到深入扩展——技术资本、信息资本和知识资本，它们都对经济发展具有积极的推动作用。近代经济学家突破以往经济学家固守的"技术、效用偏好和资源禀赋不变"的标准模型假设。技术在经济学里开始由不变、外生逐渐变为内生因素，且信息和知识也不再仅仅是在脚注或尾注里讨论的问题，信息问题和知识问题已得到经济学的解释。技术、信息和知识所具有的独立要素资本性质逐渐被经济学家们正视。现在，技术资本、信息资本和知识资本等新兴资本已成为企业资本再配置的重心。

以上述经济学家的经典资本理论为基础，2000 年至今，在罗福凯教授的带领下，新兴要素资本理论团队将历史分析与现实调查相结合，全面考察资本理论的演进历程，挖掘出技术资源转化为技术资本应具备的三个前提条件：技术生产、技术确权与技术交易。罗福凯（2001、2010）特别强调，任何一项生产资料要成为企业的资本，必须经过如图 3-1 所示的资本培育与转化过程。其中，新生活方式、新兴产业的出现引致人们对资本的多重需求，受此推动，新的资本形态开始孕育。此过程实际上是萨缪尔森、马克思和索托三位经济学大师的资本理论合体。过去，人们对资本本质的理解，只片面强调货币变为资本的前提条件是劳动力成为商品，并未意识到劳动者变为资本的前提是货币和机器应成为商品，更未考虑劳动者变为资本的实质是以出卖劳动力为前提。现有学者们都盛赞马克思发现了劳动与资本之间的深层关系，实际上，有关资本生成需要资本载体或标的物成为商品并经市场出售实现价值的观点更值得吸收推广。商品是用于交换的劳动产品，但为什么劳动产品能够被卖出去呢？索托教授认为原因在于劳动产品登记了所有权，产权归属得到确认。对此，国家法律、民间契约均明确规定物品的产权以拥有所有权凭证为标志。因此，资本的生成过程是开展网络平台资本理论研究的基础与起点。

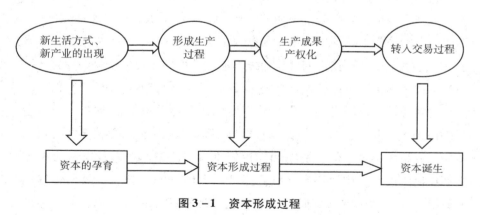

图 3-1　资本形成过程

二、网络平台的资本化过程

网络平台的资本化过程是一场重大的资本革命。提到资本化，可能会想到会计学的"资本化"概念，即将符合条件的相关费用支出计入相关资产的成本，作为资产负债表的资产类项目管理，而不计入当期损益。但这里网络平台的资本化过程不仅是指将相关费用计入资产成本，更主要的含义是在将企业网络平台价值化的基础上，如何将其资产化和权益对象化，即网络平台资本化包括价值化、资产化和权益对象化三个方面。其中，价值化是指将网络平台资产以货币形式进行估价和计量；资产化是指将网络平台资产在会计上确认为资产，并通过适当的方式列入报表体系，但不一定是资产负债表；权益对象化是指通过分析网络平台资产的形成来源和价值创造机理来确定网络平台资产的产权（特别是收益权）归属。

根据经济学的"资本化"概念，网络平台资本的孕育、生产和形成依序由五个过程构成：新兴产业、新的生产方式带来对新技术的需求、人们开始研发生产出新的技术成果、界定技术成果的产权归属、技术的市场化交易、转化为资本后投入经济生产过程（见图 3-1）。前两个过程的正常运行主要取决于生产力的先进程度及人力知识水平，最后两个过程受经济制度先进性、科学性的制约较明显。中间的技术生产、登记技术产权和技术买卖交易是技术资本生成流程的核心所在。在这里，要追溯网络平台的资本化过程，不能绕过熊彼特教授的创新理论。网络平台同大数据、云计算等一样，都是信息技术领域中的又一次技术变革，属于熊彼特创新。熊彼特主张创新是"生产要素的重新组合"，包括技术创新、产品创新、资源配置创新、市场和组织创新，其中技术创新是基础。可见，熊彼特的创新理论为网络平台具有创造价值的资本属性奠定了理论基础。

网络平台资本化是网络平台在市场上实现其使用价值和市场价值的过程。网络平台资本化的前提是对信息技术的大规模投入，而资本化的网络平台则是对这一投入的回收、获取超额利润的过程。所谓网络平台资本，就是以信息技术为运行载体，通过技术资源转化为技术资本，进而转化为现实生产力，带来增值效益的一种资本。它具有资本的一般特征和功能，即具有增值价值的属性。它同生产和流通的其他要素结合在一起产生价值增值；它有一定的价格，能够在市场上进行交易。它的特殊性在于以信息技术为运行载体，以独占的技术资源包括应用、软件等为价值增值的母体，并在同其他要素（信息、知识等）结合中，孵化出更多的技术资本，更多的技术资本被网络平台的需求方需要，形成一定的规模经济，发挥越来越关键的作用，带动网络平台资本的价值增值成倍数或乘数效应。可见，网络平台资产和网络平台资本有着本质的区别。从状态上看，前者是静态的，后者是动态的；从时序上看，前者是前提，是网络平台资本的载体，而后者是结果，是网络平台资产实现其价值的必然体现；从实用性上看，前者是一般性生产要素，后者是直接可以带来更高增值价值的要素。

在这里，我们根据技术资源使用的不同时期，逐一考察我国现阶段网络平台解决技术资源转化为技术资本的障碍问题。

一是网络平台能够有效解决技术资源形成初期存在的供需矛盾。根据双边市场理论，网络平台倡导全社会的参与，一边连着提供技术资源的供给方；另一边连着将使用这些技术资源的需求方。需求方将他们所需要的应用、软件信息发布到平台，供给方根据这些信息生产需求方所需要的应用、软件，有效解决了"无效供给"的技术资源浪费情况。传统的存在于物理时空的技术资源产出存在以下问题：第一，花费大量时间和资金成本的技术资源由于市场规模小而没有市场需求，找不到市场出口；第二，我国科研单位只重视学术上的价值，而对于技术成果的市场前景，即开发、推广的可能性以及技术成果产业化过程中的成本和收益并不关心，造成大量的技术成果被搁置。

二是网络平台能够有效解决技术资源形成并即将投入使用时期存在的供需双方信息障碍。网络平台可以提供给参与其中的企业最新的、可开发的技术成果信息，从而有效解决供需双方信息不对称的问题，"搜寻成本"极低，有较强的时效性。网络平台上集聚的信息、知识和智力等资源，是具有研发能力的中小企业和个人发挥其能力的舞台。

三是网络平台能够有效解决技术资源投入使用时期存在的资金障碍。资金的缺乏是阻碍资产进行资本化运作的一个因素。网络平台广集非职务发明人的优秀专利进行二次开发，因此，无须花费大量投资来购置计算机硬软件设备、聘用技术人员以及建立独立的研发中心等，与传统研发方式普遍的高投入特征截然不同，能够极大减少企业在研发各阶段的资金、人才、技术等投入，有效摆脱长期以来资金匮乏的约束，明显体现出一种相对低投入的特征。

四是网络平台能够有效解决技术资源进入资本运作收获期存在的收益分配障碍。这里的收益是指技术成果受让方（一般指企业）取得的经济收益和技术成果转让方（主要是成果的所有者）应当享有的权益。权益分为直接收益和间接收益。其中，直接收益以美国苹果公司的 App Store 平台为例，苹果公司构建合理的利益价值，给应用程序的开发者分享应用程序收入的70%。事实证明，这使开发者每天平均可以提供近 300 个新应用，占据99.4%的市场份额。在很大程度上，平台方与第三方开发者之间的目标和利益是一致的。间接收益是指网络平台上各种信息、知识、智力等资源对参与方都是共享的，这些资源对参与方自身的发展可能产生重要作用，例如借助大型跨国企业的平台在很短时间内传播他们所研发的应用、软件，可以很好地拉近用户和参与方的距离，使参与方获得更好的收益，尤其是商誉等无形资产方面的间接收益。

网络平台资产资本化的意义在于以下三个方面。

一是有利于企业会计提供决策相关的会计信息。相关性是会计信息最基本的质量特征，满足各利益相关方的特定决策需要。由于决策的前提是预测，因此，要能够满足决策需要，先要能合理预测企业未来的收益和现金流量。如前所述，在互联网经济下，具有网络平台资产的企业，技术资本配置越高，企业创新能力越强，从长期来看，对企业未来的价值呈正相关关系。因此，网络平台资产是企业价值最大化目标的关键性资源，决策者只有充分把握企业网络平台资产的信息，才能准确预测未来，进而为决策提供可靠依据。而要能让决策者充分把握企业网络平台资产方面的信息，就必须将企业网络平台资产资本化。

二是有利于建立健全企业网络平台资产的内部管理系统，促进企业提高技术资源的开发、配置和交易效率。网络平台资产虽然是企业价值创造的关键因素，但其价值创造效率如何，还取决于企业能否建立完善的、流畅的技术资源资本化流程载体，其中还包括战略规划系统、预算控制系统、业绩评价与考核系统等内部管理系统。因此，基于资源管理视角，企业网络平台资产需要资本化为网络平台资本，纳入企业会计核算与报告系统。

三是有利于完善企业资本产权制度。所谓产权制度，是指既定产权关系和产权规则结合而成的且能对产权关系实现有效的组合、调节和保护的制度安排。产权制度最主要的功能是降低交易费用、提高资源配置效率。信息技术的飞速发展，资本概念得到扩张，网络平台资本或将成为企业尤其是高新技术企业和互联网企业最有价值的资本。在这种情况下，企业资本产权制度是对网络平台资本进行产权规范。网络平台资本化要求是在将网络平台资本化的同时，将网络平台的权益对象化到特定的产权主体，形成特定利益主体的权益资本，这无疑是有利于完善企业产权制度。

三、网络平台资本的市场价值

软件作为企业最重要的技术资源，既是其长期发展的技术基础，也是维持其核心优势的关键。网络平台资本的价值增值建立在软件最终可以商品化和市场化的基础上。企业不断自主研发技术，或者从第三方开发者直接购买新技术，对每一项技术都及时明确产权、选择恰当的商业时机投入生产，尽可能让每一项技术都高效运转，企业因此拥有充足的技术资本，为企业价值创造发力。因此，一方面，网络平台为企业提供了寻求外部网络关系中的合作伙伴、产品创新、获取技术资本研发资源的新途径和方式；另一方面，企业则通过网络平台来挖掘和刺激企业本身所具有的但并未表现出来的潜力。创新型中小企业因其自身规模和所具有的资源限制，很难在市场上与老牌大企业相竞争、获得市场占有率及利润。网络平台可以帮助这些企业在激烈的竞争环境中脱颖而出，好的网络平台可以给它们带来更大的价值创造能力。奥尔德里奇（Aldrich，1991）指出，企业在初创阶段，往往很难得到它们想要或所需要的资源，这时候拥有或参与的网络平台就显得愈发重要，也是新创企业获取知识、技术、资金等关键资源的重要来源（张玉利，2009）。也有学者研究发现，企业之间如果能够联盟，那么双方的关系会更加密切，促进新产品的开发，这又会促进企业创新绩效的提升（Soh，2003）。网络使自然资源优势以及资本优势的重要性不断下降，而技术资本的主导地位急剧上升，技术更新的速度越来越快，参与其中的劳动者（包括企业和个人）既是新技术、新产品的研制者和开发者，又是新技术、新产品的拥有者，劳动者们享有在劳动中的自主性参与管理和剩余价值分享。众多的高素质工人在网络平台中能够充分施展其才智，最大限度地调动其灵感，做好创造性的劳动，生产和创造出更多的价值。

信息技术产业是运用网络平台最集中的产业。网络平台使得信息技术产业在经济增长中的作用发生了一些变化。

首先，信息技术产业实现资本积累。在工业经济时期，资本积累主要是物质设备资本的积累。经济发展到后工业经济时期以后，"产品创新"的竞争方式要求资本积累不仅包括物质资本的积累，也要包括"人力资本"的积累，而后者以知识的积累为前提，并涉及技术资本的积累。此外，"产品创新"需要科学研究和技术开发等为前提条件，许多科研机构和大学里科研工作的投资也成为一种资本积累。以前教育和技术研究与资本积累没有直接的关系，往往被看成是非生产性的经济活动，现在这些经济活动往往不仅直接作为生产性投入的重要组成部分，而且还成为增加产量的关键，因此，网络平台充分发挥"技术资本"的作用，技术资本积累是推动宏观经济增长和微观企业组织价值创造的力量。

其次，网络平台上开发出的多样化的软件，扩大了个人消费品市场，如餐饮、旅游、通信、娱乐等产业规模的扩张。这些虽然不直接参与资本积累，但是也间接促进经济增长。一方面，这些应用软件作为非物质产品的增加也等于总产品的增加；另一方面，信息技术开发人员的创新提高了劳动力。

最后，信息技术产业网络平台的发展还带动了其他行业企业生产的扩大。例如旅游业的发展除了能够带来收入，还能刺激其他部门产品的消费，如扩大旅游业基础设施建设和游客的消费品需求。虽然这些物质产品不是网络平台直接创造的，但是网络平台扩大了对其他物质生产企业的需求效应，因此，也间接促进了经济增长。网络平台对经济增长的这些影响在工业经济时期就已存在，但在后工业经济时期尤为突出。

网络平台能够充分发挥技术资本的速度经济效应，加快技术生产要素的产品化、市场化进程，扩大企业市场份额，提高企业价值创造能力。这不仅是单个大型信息技术企业的战略问题，也涉及整个信息技术产业发展。到目前为止，网络平台为我们带来的价值表现在：一是资产的有效配置、效率的大幅提升。二是大众创业、万众创新。网络平台资产在今天中国的经济发展环境中显得格外有意义。网络平台将创业这一复杂的商业进程简化为不需要新增投入，而只需要通过网络平台，将自己的技术、信息和知识等要素资源分享给有需要的人，或创造新产品，不需要思考复杂的交易过程。三是塑造一种新型的社交关系和商业信任体系。四是可持续发展的经济价值。网络平台，即是"互联网＋平台"，其所带来的经济价值在于买卖双方的交易最终使得边际成本为零。在未来，社会协同与技术进步将共同打造零边际成本社会，产品边界成本无限降低、市场价格趋近于零，这是最具生态效益的发展模式，也是最佳的经济可持续发展模式。五是创造一种更加开放、多元共赢的共享社会。在网络平台创造的经济体系中，整个社会经济体系中的权利变得更加分散，人们有条件、有能力依靠自己解决更多的问题，满足自己更多的需求，也创造出更多的合作模式。人们满足自身需求的途径可以是赠送、交换、临时借用、循环利用、共同创造，也可以是共同使用，彼此的利益关系是共享的，一方的获益增多，另一方的获益也不会减少，从而实现了经济学上所谓的帕累托最优。

第四章 网络平台创造企业价值的特征分析

　　网络平台主要应用于信息技术产业的开放源代码软件或自由软件的研发，正日渐成为这类企业价值创造和价值实现的一项关键资产。根据高德纳（Gartner）公司的调查结果，截至 2012 年，开源软件技术因素已占全部商业软件的 80%。现代企业的成功已开始从崇尚专有的自主创新模式向推动新构想、新信息、新知识或技术创新成果的开发、利用及共享的网络平台转变，使研发效率达到最高，采购和供应成本做到最低，从而能够更快、更好、更低成本地推出新产品或服务，迅速切入市场并受到广泛认可。这些变动直接影响技术资本存量与企业价值创造的稳定。鉴于此，笔者认为网络平台已经逐渐成为高新技术企业技术资本研发的关键资产，是企业价值创造和价值实现的战略基础，因此，具有以下独有的特征：开放性与非专用性、低投入与多元收益、低成本与高效率、低消耗与低风险、边界模糊与价值多元化、共享性与产权灵活性（张玉明，2013）。本章通过深入揭示网络平台的内在特征，将更好地论证网络平台的资产性质及其价值创造路径。

第一节　开放性和非专用性

　　网络平台是对开放式创新的再优化，企业应用网络平台资产，其研发流程发生革命性变革，极大地提高了企业研发效率，给企业技术创新发展带来很多新机会。开放式创新更专注对企业外部资源的应用，而网络平台正以高效、灵活和动态的特点积极整合企业内外部一切可被整合和利用的资源，不断推出新的产品或服务，突破企业边界，以高效率和低成本来满足消费者不断增长的新需求，直接影响企业价值（Michael and Brad，2013）。网络平台的网络效应充分展现了网络平台所特有的开放性和非专用性特征。

一、网络平台的开放性特征

巴格和麦肯纳（Bargh and McKenna，2004）认为，信息技术给人们提供了一个自由交流和资源共享的平台，且该平台更易于开展开放式创新（Kapoor and Lee，2013）。网络平台是一个开放的系统，所有创新成果都将扩散到全球，且这些成果本身就是多企业或个人合作、各方协力、联合开发所创造的结果。网络平台表现为企业更加重视外部创意，并在自身主导的前提下，引入外部力量共同研发，从而更有效率地产生更多的符合消费者需求的创新性很强的产品。因此，网络平台的开放性特征主要表现为以下三方面。

一是扩宽了信息的来源渠道，促进了知识资源的创造与共享。在网络平台上，大量的信息在各平台参与方之间快速流动，在信息交汇和分享中，各平台参与方有更多的机会获取商机信息、判断产业态势、进行资源识别与获取。信息资源的获取渠道越来越多、传播速度越来越快，这在一定程度上促进了知识资源的传播和共享。而知识资源的传播和共享提供给成员更多的相互学习和合作的机会，并刺激新知识的创造和共享。弗莱明（Fleming，2001）提出，技术创新就是一个知识要素重新组合的过程。卡蒂拉和阿胡贾（Katila and Ahuja，2002）认为，相同的知识元集所产生的创意会达到极限，将新的知识元加入集合中，企业发现新的、有用组合的可能性会大大提高。新构想、新知识和新信息的获取、利用和整合，企业获取更加独特的知识和技术要素，从而有助于提升企业技术研发成果的产出。网络平台连接两个或多个群体，需求方通过网络平台来发布需求，供给方通过网络平台提供丰富的创意，这些群体间的异质性程度越高，企业接触到的信息和知识的新颖程度和差异化程度也会相应提高，更易于形成突破性创新或渐进性创新。

二是重视采用现成的技术研发成果并加以发展。网络平台的发展，将"平台"理念与技术资本研发结合起来，很多以前被认为"无用"的技术发明成果，现在都可以在网络平台中寻找到实现价值的机会。分散及海量的信息、知识、创意等资源在较短时间内被集聚，企业边界模糊，被开发出的新产品或新应用越来越多。

三是超越组织边界和地域限制的众多利益相关方参与，研发过程立体化。网络平台需求端的消费者通常会提出一个问题或技术难题，并将其发布到平台中，需求方与供给方良性互动，使得平台的供给端能够聚合来自不同领域的广阔范围的参与企业或个人，及时获取大量的技术创新资源，保证成果的产出，因而具有"全方位、全流程、全角色"的特点，是非线性的研发过程。换言之，网络平台的开放性表现为全员创新（既可以是来自企业的管理人员、技术人员、普通人员，也可以是来自高等院校、科研机构的研究人员，还可以是消费者、供应商等）、全时创新（每日 24 小时、每周 7 日，时时创新）、全地域创新（全球化、全部门、全价值链的创新）的全方位技术创新格局。

网络平台允许更多的外部创意和技术的流入和内部未被允许利用的技术流出。但网络平台的开发性不仅是创意和技术的开放，还包括了客户资源、供应商资源、合作伙伴及管理经验等的共享性，这样参与平台的企业和个人转竞争为合作，获取外部更多的资源，让内部资源充分利用，充分获取资源价值。

二、网络平台的非专用性

网络平台的网络效应和双边市场特征为技术研发提供了一种全新方式，并向人们展示了虚拟时空研发的积极效果。网络平台不但打破地域、时间和资源的限制，还实现了研发人员的多元化。研发人员不再局限于企业内部的管理人员和技术人员等，任何组织或个人都有机会参与到网络平台中去，这体现了网络平台的非专用性特征。

一是参与群体的全民化。这里所说的全民化，一方面指的是资源共享程度的高低。中小企业和个人可通过参与网络平台获得更多实现价值的资源利用机会，更有助于技术研发活动的开展。另一方面表现在任务分配方式上。网络平台中，任务不存在分配，而是参与者根据自己的兴趣及专长，自己决定自己承担的工作及工作量。互联网经济下，越来越多的个人接受高层次教育，拥有知识的人群规模逐渐扩大，更多的人有能力参与技术创新活动，技术研发的全民化趋势逐渐明显，创新构思来源渠道不再局限于小众群体。宝洁公司基于这样的理念，利用信息技术搭建了一个网络平台，邀请 14 万名业余专家入驻，力争让 50% 以上的创意来自公司外部。可见，在网络平台中，人人都是创新主体，事事都能成为创新对象。

二是参与群体的自发性。网络平台的主体来源强调全方位、自由、自愿、平等，是人们在日常生活、工作和学习过程中，因共同的兴趣、爱好等自发形成的、松散的、非正式的群体。在这个群体中，不限年龄、不限背景、不限学历，只要能够为网络平台上的技术研发活动提供新思路、新信息和新知识的都是网络平台的参与者，因此，网络平台的群体可以随时参与其中，也可以选择在任何时间推出，这种自由自愿的参与，不断为网络平台注入新活力，也使其能在更广范围内产生符合消费者需求的新产品或服务。

三是参与群体间合作与竞争并存。网络平台上的技术研发活动是一个非常复杂的过程，这一过程中有众多的参与要素，为了保证研发投入、生产和交易的顺利实施，参与群体的相互作用和相互影响最为关键，将直接影响网络平台的运行。网络平台的参与主体是一个借助信息技术会聚起来的研发共同体，因而具有明显的特征：网络平台共同体组织性不强，是一个较为松散的联合体；网络平台共同体是一个完全虚拟的共同体，由于特定任务而汇聚在一起，属于"网聚"无形组织；网络平台共同体不一定是有着共同利益的共同体，在共同体内部各参与主体之间还会存在竞争。

第二节　低成本和高效率

传统的技术研发需要投入大量的资源，尤其对人才资源和资金投入的要求非常高，过高的门槛往往使得一些中小企业或个人失去很多机会，甚至无法在产业中生存。例如，传统研发模式要求企业投入大量资金，建立大型研究中心，投入基础设施，招聘具有高知识水平的人才，但通常一项新技术或新产品问世需要几年，甚至几十年的时间，这不仅使得研发成本增加，还产生了更高的失败风险。20 世纪 80 年代以后，随着技术变革、信息技术发展以及竞争的全球化，相比以前，企业内部的研发效率和创新能力不断降低，R&D 的投资回报率越来越低，企业的技术成果也在不断减少。在这样的背景下，如何同时实现研发的低成本和高效率的迫切性不断增强，而网络平台满足了这样的需求。

网络平台中，信息、知识等资源可以"零时间瞬连"到任何企业或个人，时间价值被优化提升，这在一定程度上避免因资源短缺而延时造成大损失（荣朝和，2014），也提高了资源的获取、整合、吸收和交易的效率。同时，由于网络平台突破地域和时空的限制，使得信息快速传播，吸引大量客户，每一个消费者作为独立的需求个体，其集聚不仅形成了规模经济，而且大量个性化和差异化需求信息在平台上被公布。供给方根据需求方发布的需求信息，提供多样化产品，带来了供给方配给的范围经济。规模经济和范围经济均带来生产成本的下降和研发产出的高效率。

一、网络平台的低成本性

网络平台使得技术研发已不再是一种高成本活动，而是成为世人皆可的一种低成本活动。BroadGroup 的报告显示，企业若部署网络平台，25% 的企业软件开支将被节省。这表现在：一是网络平台节省了人力、物力和财力。企业不需要花费大量的资金来购买研发基础设施、聘用高级人力和建立独立的研发中心。这不仅减少了企业研发资金的投入成本，也减少了企业的运营成本。更重要的是，对中小企业和个人而言，参与到大企业搭建的网络平台中去，可以使它们在资金周转方面具备更大的灵活性。二是网络平台使得信息、知识等资源的获取、创造和共享成本降到最低。网络平台重视采用现成的技术研发成果并加以发展，通过整合各方的研发资源，进行二次开发，在提高其商业化和市场化的同时，为企业节省了大量的研发资金和技术成果推广费。三是网络平台中资源自动最优化配置功能，较之传统研发模式，网络平台的交易成本大大降低。信息技术的进步直接带来交易成本的降低，因为交易成本本身在很大程度上是由技术因素决定的，而不完全是制度原因。例如，信息技术的运用使得从生产到销售之间不必要的生产环节减少了，交易成本自然降低。借助于信息技术，企业与企业之间、企业与市场之间的交易模式或多或少地都发生了一些改变，且企业与企业、企业与市场的边界变得越来越模糊。网络平台使得技术资源的主导地位急剧上升，技术更新的速度越来越快，随着技术创新方式越来越围绕顾客的需求展开，网络平台确保顾客既是新技术、新产品的研制者和开发者，又是新技术、新产品的拥有者。众多的高素质人才充分施展其才智，最大限度地调动其灵感，做好创造性的劳动，生产和创造出更多的剩余价值，参与其中企业的技术创新能力和科技竞争实力大大增强。此外，网络平台的发展还使得要素资源的收集成本、交流成本、储存成本、恢复成本以及用于决策的使用成本都迅速下降了。

二、网络平台的高效率性

网络平台突破了传统的企业边界，充分利用企业内外部资源，在加强研发资源流动和共享的基础上，大大增强了企业技术研发效率。例如英特尔、Apple、Google 等，虽然这些企业自身的研发能力已经很强，但都充分利用企业外部的创新力量，并有效整合内外部创新资源进行技术研发。宝洁公司用一组数据描述了网络平台的高效率所带来的收益，该公司 50% 以上的新技术或服务来自企业外部，但企业相应的研发成功率却提高了 85%；公司的研发投入不断增加，但研发投入与销售额占比却降低了 0.5%，新技术或服务所带来的收益远大于研发投入。西门子的管理专家曾做过精密计算，产品开发时间每缩短 1 日，可增加 0.3% 的商业利润；缩短 5 日，可增加 1.6% 的商业利润；缩短 10 日，可增加 3.5% 的商业利润。从这组数据可以看出，网络平台能够以更高的速度、更低的成本和更令顾客满意的产品规格及类型投放市场，在无形中实现产品开发和设计技术上的互补、提高双方或多方的技术能力以及分摊产品创新成本。具体表现为以下四个方面。

一是更快的技术研发与创新扩散。网络平台为技术产品或服务的研发提供更广阔范围的资源，使之参与到技术创新实施过程中。企业价值创造的核心是产品和服务的创造。网络平台的产品和服务具有便捷性、成本低廉性、新颖性、用户黏性、差异性、个性化、体验化、娱乐化等特征，所以网络平台的关键业务是在确定客户价值的基础上，对平台产品和服务进行创新，满足用户日益多样化的需求。因而研发过程中融合了更多的用户偏好因素和市场需求因素，大幅提高了创新的针对性和成功率，表现为更快的技术研发与创新扩散。

二是更高的创新成功率和创新收益。网络平台通过整合产业链的众多要素，利用他人的创新成果使研发效率达到最高，通过共享他人的技术平台使采购和供应成本做到最低，从而能够更快、更好、更低成本的推出产品，迅速切入市场并受到广泛认可。Apple、IBM、Intel、Nokia、宝洁公司等纷纷引入网络平台模式，通过运用各种资源，特别是外部的创新资源，公司都极大地节省了内部资源的使用，用更少的内部消耗获得更多的研发成果，且投资回报率高得惊人。

三是更强的虚拟化能力。网络平台的存在使得客户越来越强调个性化消费和体验式消费，可以构造出千变万化的应用，同一个"网络平台"可以同时支撑不同的应用运行。可以说，网络平台能够赋予参与者前所未有的虚拟化创新能力。

四是高效的资源配置。网络平台的技术特点使组织内部以及组织和环境之间进行资源的智能配置成为可能。资源的有效配置是经济学的目标之一，也是组织管理当中的重要内容。但在现实中要实现这个目标，需要投入大量成本，同时，现实资源配置的效果和最优配置之间依然存在较大差距，存在进一步优化的空间。网络平台的出现，一方面使得资源配置的成本降低；另一方面通过其技术特点让部分资源可以直接通过网络进行配置，提高了效率。此外，网络平台让组织和外部环境之间有可能实现资源共享，使得资源配置的范围从单纯的组织内部转移到整个外部环境当中，这样，资源配置的效率可进一步提高。

第三节　低风险和边界模糊

网络平台具有动态性、循环性和非线性的特征，旨在降低新技术开发的不确定性和市场不确定性的匹配问题，最终实现企业价值的创造，表现为低风险。网络平台使得人力、知识、信息、智力和技术等资源突破地域和时空限制，企业边界模糊，随着信息技术和消费者需求不断变化，新产品或服务被持续创造，直接影响企业价值。网络平台中，各平台参与方相互影响、共享价值，在满足一方需求的同时，也会为另一方带来利益，实现合作共赢。由此，网络平台使得应用和软件未必都是高投入和高风险并存，而是开辟了一条低风险与边界模糊的新型研发模式。

一、网络平台的低风险性

现实中，要在短时间内使企业积极、主动地投入自主技术研发是不可能的，外购的技术资本尚需消化吸收。技术成果具有一定寿命，并非可以无限制地创造价值。即使研发出各种技术成果，技术转化率低、客户价值低，也不一定可以资本化，这在发展中国家尤其明显。事实上，在互联网向纵深发展的今天，"平台制胜"已经成为一条越来越趋于先行的竞争法则。小成功靠自己，大成功靠众人。网络平台成为当今企业想要获得成功必须拥有的一项重要的战略资产。网络平台的低风险特征主要体现在技术创新风险的可控性和产品市场风险的可控性。在技术创新风险的可控性方面，技术创新属于高投入、高风险、高收益的技术经济活动，在技术开发、设备调整等环节上需要大量的资金注入。如果资金供应无保障，加之企业的财务制度不规范，企业的研发资金将面临较大的不确定性。网络平台因有效对接需求方和供给方，需求方的新需求都会实时反馈给供给方的研发人员，提高了应用、软件等技术资源研发的针对性，同时这种行为在无形中提升了消费者对企业的忠诚度和认同度，降低了应用、软件不被市场和用户接受的风险。另外一些研发人员根据这些反馈意见，研发新应用、软件，或对已有应用、软件进行二次开发，这样最大限度地避免了研发所带来的不确定性，将技术和产品市场两方面最难以预测的研发风险控制在一个较低的水平。企业提高了准确掌握应用、软件研发的可行性和风险性的能力，汇聚大众的资源和智力解决技术难题，在减少研发成本、缩短研发周期的同时，更降低了技术研发的不确定性。

二、网络平台的边界模糊性

根据百度百科对网络平台的定义，网络平台是一种全球范围内的技术创新活动的载体，任丽梅等（2010）也支持这一定义的支持。从定义上看，网络平台的资源开放程度更高，强调参与者的自由与自愿，超越组织边界和地域限制，汇聚众多利益相关方，具有显著的"边界模糊"的特性。信息技术的出现，供需双边实时的协同，使得企业可以在全球范围内吸收、整合和交易研发资源，进一步扩宽了无形资源的获取渠道。网络平台正演变为开放程度更高的开放式创新模式，任何时间、任何地点、任何组织或个人都有均等的机会参与其中。与传统研发重视对企业内部资源的开发及应用相比，网络平台更关注对企业外部资源的应用，突破时间和空间的限制，随时随地、即时地为消费者、开发者、供给者等提供极大的便利条件，这一定程度上有助于改变高成本和低效率的问题。具体表现为以下三个方面。

一是网络平台的边界是模糊的，创新参与主体的身份也是模糊的。网络平台对参与创新的主体没有太多的限制条件，且参与主体进入或退出网络平台的障碍非常低，因此，网络平台超越了企业的边界。参与网络平台的主体身份也是模糊的，在参与网络平台之前主体的背景身份可能是顾客或研发员工等，但在网络平台中这些主体就同时具备客户、研发人员、供应商的特征。可见参与人员的创新动机、技能、创新能力、价值等都不会是完全一致的。这种模糊化的边界与身份会给网络平台人才资源方面的管理带来一定的难度。

二是网络平台的边界是动态变化的，参与主体会随着技术、需求发生着快速的变化。网络平台边界的动态变化，相对于合作创新及一般的开放式创新模式，参与者参与或退出平台都是很容易的，因而网络平台的边界和规模随时都会不断地发生变化。网络平台中参与创新的主体随着技术、需求的变化，其创新技能、专业能力、创新动机也会发生变化。

三是网络平台的边界使得原本相对固定的企业边界具有可渗透性和灵活性。信息技术的不断创新和应用，使得技术创新的各个环节都可以在网络平台上及时共享所需的资源。网络平台并不局限于企业内部，可以跨越企业边界，在更大的范围内整合、利用创新资源，使得企业内部、企业之间的结构与边界具有前所未有的灵活性。同时，参与到网络平台的企业和个人间大量互动，形成多重反馈和改进的非线性技术路径，对技术研发产生重要影响，企业与外部环境的界限日渐模糊。

第四节　共享性和产权灵活性

对技术产品的知识产权如何发展以适应新兴的共享、自由和互助的创新趋势，以及与技术进步有关的知识产权有效性问题，一直以来人们有着更多的疑问，而非现成的答案。伴随着信息技术的发展以及互联网用户的爆炸式增长，全球一体化趋势增强，通过网络平台共享产品或服务的体验已经被越来越多的人采纳，这些疑问开始消退，取而代之的是对网络平台模式下更为灵活多样的产权形式的认可。网络平台所倡导的自由不代表免费，共享也不等同于随意复制，而是一种打破垄断和独占前提下对知识产权的承认和保护，要求必须以"共享"的方式来分享知识、软件及其利益。

一、网络平台的共享性

网络平台具有共享性特征。例如，宝洁公司创立网络平台后，全球 40 万名独立工程师都在为宝洁提供创意、思想及解决问题的方案。IBM 公司认为普通员工、合作伙伴及客户都可以成为公司创新思想的主要来源。苹果的 App store 平台从用户角度出发，挖掘用户需求，它把消费者的体验和消费者与开发者之间的互动作为创新思想的主要来源。苹果 App store 平台上所有的技术产品 1% 由企业自身的研发中心进行研发，其余 99% 的技术产品都是由第三方软件公司或者个人程序员为苹果开发的，苹果在自己的用户购买下载这些软件后，向开发者支付版权分成。苹果公司在应用软件上全面采用了"拿来主义"策略，在搜索汇总全世界的创新成果后，进而二次改良和整合，以比竞争对手更领先的技术产品而树立起竞争优势。通过网络平台，各类组织或个人都能够参与到"平台"中，推动创新理念、创新知识或创新成果的开发、利用及共享。

二、网络平台的产权灵活性

任何资产，没有通过正规的所有权登记，都很难实现自由的流转，同时无法进行抵押质押等一系列的资产运作，最终无法将资产转化为资本。网络平台上，基于第三方开发平台产出的应用或软件，都必须有清晰的产权界定。在当今知识广泛传播、创新周期不断缩短的环境下，企业很难通过传统和保守的产权保护手段去遏制竞争对手。因此，专有、独占的产权形式显然不再适合网络平台的发展要求。对搭建网络平台的企业而言，是否拥有知识产权并非目的，如何正确地选择产权形式并加以灵活运用，才是网络平台实践的关键。网络平台中产权涉及的共享者范围不断扩大，但创新所有者效率与收益却显著提高，各平台参与者在知识、信息、智力等资源共享的同时，也得到最大限度的回报。产权形式主要有三种：主权在我的产权形式、交融的产权形式和共有的产权形式。主权在我的产权形式强调在保护企业自身产权归属的同时，更关注研发参与者间的合作和共享，保障知识、信息等新兴要素资源的有效流动，并在流动中创造价值。交融的产权形式认为网络平台中各参与主体在合作研发的过程中，双方的知识域有不同程度的重叠，双方会就重叠的知识建立交融的产权，因此，产权属于整个网络而非单个企业。共有的产权形式主要针对自由开源软件的研发，其产权不属于任何个人，多人对其拥有所有权。这种产权形式使得软件能够被开发者免费使用，促进软件的不断更新升级。

第五章　网络平台对企业价值创造的影响

第一节　理论分析与研究假设

　　企业价值取决于资本收益水平、资本和收益的增长，及其风险承受能力。任何一种生产要素，只要能在一定的风险下驱动当前收益及预期增长，就应作为企业价值创造的驱动力。技术资本对宏观经济增长的推动作用已被反复证明。技术资本为微观企业价值创造的推动作用也得到了学术界众多学者的认可。汪海栗和方中秀（2012）认为，我国的创业板市场已初步具备发现和评价技术资本的功能，而专有技术、专利权和软件技术投资则构成了技术资本的主体，这实际上支持了技术资本对创业板市场企业价值的促进作用。但有部分学者对此提出异议，如罗福凯（2008）通过对我国高端装备制造业上市公司进行实证研究，发现技术资本的贡献能力小于实物和人力资本对企业价值的贡献能力。通过仔细分析文献，笔者发现研究者仅考虑技术资本对当期绩效的影响，忽略了滞后性，且对资本之间的内生性考虑不周。因此，技术资本与企业当期价值无明显相关性，仅与滞后期价值显著相关。

　　巴拉尔迪（Baraldi，2011）提出，伴随着信息技术的快速发展和广泛应用，网络层面的技术创新活动是不可忽视的，包括技术资源投入、生产和交易三个过程。从投入和生产的角度来说，网络平台可以减少技术资本研发的平均成本，创造成本优势。从交易的角度来说，网络平台产出的大量软件等技术资源可以吸引更多的客户群体，促进应用软件的销售，这反过来又促使供给方数以万计的中小企业和个人专注于新技术资源的研发。从理论层面进行客观推断，网络平台为可持续的、累积性的技术研发全过程提供了一个虚拟载体，因此，企业技术资本的积累量越大，企业价值越高，企业价值就越发依赖于先进的技术和持续的技术创新而获得的新生产力和新竞争力（Vives，1989；Lee，2009）。从会计角度来看，技术资本包括企业的专利、专有技术和软件等，属于无形资本，且具有更新换代快、风险大和收益期间长等特点，这就需要计提摊销减值准备和占用一定数额的资金成本。从这个角度来看，技术资本与企业价值之间可能呈负相关关系。这两个分析角度分别衡量和代表了企业的当前价值和未来价值。同时，网络平台资产的存在能够吸引相关行业和非相关行业内的众多企业和个人的加入，他们利用网络平台，发明更多的新技术资源，且这些技术资源的交易更加快捷和便利。网络平台，作为一项信息技术资产，也会由于当期企业价值由于摊销减值等会计处理的影响，会对企业当前的负向影响更加显著。从另外一个角度来看，网络平台作为企业一项独立的信息技术资产，虽然本身会影响企业的当前损益，但从长远来看，网络平台资产会对企业未来价值的增加起到积极的作用，它遵循边际收益递增规律，产品或服务的使用单位越多，每一单位的产品或服务价值就越高。报酬递增是由于网络外部性所带来的良性反馈回路而产生的，它可以持续累计并产生强化作用，这个模式在初期的时候，收入增长非常缓慢，但经过一段时间之后，收入会突然快速增加，与此同时，单位成本会稳定下降。据此，提出如下假设。

H1a：技术资本存量属于无形资产投资，需要投入研发支出，计提摊销减值和占用一定数额的资金成本，故对企业的当前价值呈负相关关系。即具有网络平台资产的企业，其技术资本对当前损益影响的负相关程度更高。

H1b：技术资本配置越高，企业创新能力越强，从长期来看，对企业未来的价值呈正相关关系。对具有网络平台资产的上市公司而言，网络平台资产能够积极地促使技术资本配置对企业未来价值的创造能力的提升。

第二节 网络平台对企业价值创造影响的研究假设

网络平台参与经济活动的实质是力图以最小的耗费取得最大的经济利

益。2015 年的政府报告中明确地指出，要把"大众创业、万众创新"打造成应对经济新常态的新引擎。2016 年的政府报告又强调要持续推动"大众创业、万众创新"。在当今经济增长由高速转为中高速的新常态阶段，网络平台体现出的"大众创业、万众创新"的重要性愈加明显。因此，深入地从实证角度探索网络平台这种信息技术资产与技术资源吸收能力之间密不可分的关系，极其重要。

在战略管理理论、组织理论和创新理论领域中，都出现了大量的关于吸收能力的研究文献。科恩和莱文塔尔（Cohen and Levinthal，1990）在分析企业研发作用时，首次提出"吸收能力"概念，并指出吸收能力在企业创新能力以及创新绩效方面至关重要。他们认为，吸收能力与企业创新的速度、交易频率的提高以及范围的扩大都存在正比例关系，即吸收能力越强，企业创新速度和交易频率越快，所涉及的创新范围也越广，从而促进企业创新绩效的提升。张洁等（2012）通过实证研究得出，吸收能力可以提升创新绩效。技术资源吸收能力是企业对技术资源的获取、内化、吸收和交易的动态过程，是企业对其他企业以及内外部环境中的技术资源来源渠道的探索性研究。本书中，网络平台所体现出的技术资源吸收能力，表明网络平台与技术资源吸收能力之间有密不可分的关系。网络平台的价值体现在它能够为技术资源共享创设一个顺畅的沟通渠道，扩展技术资源共享的时间和空间，提高技术资源共享的效率。罗志恒等（2009）基于我国中小企业的现状，对网络、资源获取、中小企业绩效提升三者关系进行了实证研究，结果显示，网络强度与资源获取能力之间有显著的正相关关系，且随着资源获取能力的增强，企业创新绩效也明显提高。这里的企业创新绩效是由专利数、创新产品数量和创新产品销售比例等三项指标来衡量的。谢洪明和刘少川（2007）的研究指出，网络强度对企业开发新产品、学习新技术和实现资源共享等创新能力有显著的正向影响。唐国华（2010）认为，在知识信息经济时代，高度不确定环境下的开放式创新是企业创新绩效的来源之一。朱利安等（Julien et al.，2004）的研究指出，吸收能力在创造企业新绩效的过程中扮演着一个媒介的角色，即企业内部可以通过技术资源吸收能力对外部技术资源进行获取、整合和交易，促进企业技术创新能力的提升，进而提高企业的新产品研发效率，最终带来企业价值的提高。达罗和麦克诺顿（Darroh and McNaughton，2011）也发现，吸收能力在影响企业创新绩效的过程中起到了间接作用。解学梅和左蕾蕾（2013）的实证研究证明，吸收能力不仅影响企业技术资本存量，同时还会影响企业价值提高过程中所需的技术资本流量。因此，通过网络平台的媒介和载体作用，企业在加强自身技术研发能力的同时，应积极吸收外部的技术资源，为企业带来更多的技术创新成果，从而实现企业价值的提高。

网络平台作为技术资本资源共享的一种重要方式，已经得到了学术界越来越多的关注。在企业领域，有研究表明，平台的网络特征越明显，企业个体获得与技术创新有关的技术资源的可能性就越大。网络平台的网络特征在某种程度上加强了平台参与各方合作、资源共享以及风险共担的能力。网络平台表现出的高集聚性，可以使得先前不连接的技术群体拥有更多相互交流和合作的机会，从而有利于技术创新。本书的观点之一是，技术、知识和信息等新兴要素及其资本化，已逐渐取代传统的人力资本、货币资本和物质资本在企业中的主导地位。我国学者李艳荣和张晓原《技术的资本属性与技术投资》（1995）、张景安《关于技术资本化市场化的发展趋势》（1999）、罗福凯和连建辉《生产要素的确认与国民经济结构调整》（2001）、美国学者威尔纳（Wilner）《高新技术资本投资的必要性：一项实证研究》（1992）等著作，从理论和实证两个角度，对技术资本的概念、特征构成要素和形成过程进行了有益探索。伯恩特和墨里森（Berndt and Morrison，1995）在《美国制造业高新技术资本形成与经济绩效：一个探索性分析》中分析了1968～1986年产业绩效指标与技术资本的关系，证据显示，技术资本与产业盈利能力之间存在正相关关系，并且高技术产业的技术资本收益率明显高于一般产业的技术资本收益率。格里戈里耶娃（Grigorieva，2014）在《技术资本：现代经济创新发展的标准与转移对象》中更将技术资本存量视为企业竞争优势的重要指标。而基于技术资源吸收能力的网络平台就是技术资本存量的重要载体。网络平台的网主企业吸收了真正有价值的大量技术资源（即软件）后，极大地加强了自身技术资源的储备量，通过再生产和交易过程，转化为技术资本存量，企业价值明显提高。此外，企业要将眼光放长远，不采取短期效应来评价网络平台的价值，应该把网络平台的存续时间适当加长。这样可以在网络平台存续期间的第二年或第三年开始看到网络平台产生的具有价值的积极影响，从而使得网主企业与各参与技术群体继续加深合作、产生更多的企业价值。

综合而言，网络平台作为一种独立的生产要素资产，具有排他性质。这种专属性质的资产能够为企业价值创造发挥作用，所以网络平台的出现对技术资本配置优化导致的企业价值增加有积极的作用。吸收能力概念的提出，引发了企业对如何实现价值及增值的深入思考。信息技术和互联网技术的快速发展及应用、产品或服务的复杂化，使得企业创造价值的活动规模越来越大。通过单一企业完成整个价值创造及增值的效用相对有限，借助具有技术资源吸收能力的网络平台进行重要的技术资源获取、生产和交易全过程，实现网络平台上所有参与方共赢的局面是一个较佳的选择。故提出假设 2。

H2a：网络平台资产具有市场价值，网络平台的存在能改善或提升企业价值。

H2b：由于网络平台的媒介和载体作用，吸引大量产业、供应商、应用开发商等的加入，开发一系列新技术产品，能够提高技术资本的质量和数量，进而提升企业未来价值。

第三节 样 本 数 据

鉴于网络平台资产对于高新技术上市公司的重要性以及高新技术上市公司创新实践的典型性，本书选择 2008～2014 年我国沪深 A 股高新技术上市公司为研究样本。为了保证数据的有效性，我们剔除了高新技术企业里的 ST、PT 公司，对极端值通过 STATA14 进行了 99% 的缩尾处理。每年度分别得到 318 家上市公司，选择 2008～2014 年为研究区间，连续 7 年共获得 2226 个有效观测样本的平衡面板数据。实证检验所使用的财务数据、技术资本数据等均来自国泰安数据库中财务报告附注的无形资产明细项目，笔者通过手工逐项整理而得到的。其他变量数据也均来自国泰安数据库。

在对网络平台资产是否能够影响技术资本存量与企业价值之间的相关关系时，我们也对样本进行分组检验，分组的标准是设置虚拟变量，分为两组，具有网络平台资产组和不具有网络平台资产组。对公司是否具有网络平台资产进行判断时，我们通过调研的形式，尽可能较为全面地查找公司是否采取了联合运营模式。对于是否采取联合运营模式的判断，我们的依据是该企业是否引入了 3 家以上战略合作者。如果引入了 3 家以上战略合作者，我们认为该公司具有网络平台资产。相应地，在估计网络平台资产的价值时，利用腾讯公司在港交所上市的历年财务数据。相对于腾讯公司，在选择对照组时，两个重要变量必须要满足。一是控制的公司必须与腾讯公司相关，也就是说，与腾讯公司的变量估计显示出很强的相关性；二是网络平台资产对公司而言应该是外生的，也就是说，网络平台资产对其他选定的对照组公司的价值应该只具有微不足道的影响。以此为标准，选择了我国 13 家信息在沪深 A 股上市的互联网公司的数据对网络平台资产的价值进行估计。

第四节　模型构建与变量设计

一、上市公司技术资本配置、网络平台资产与企业价值的相关性研究

本书对企业价值的衡量可分为企业的当前价值和未来价值。当前价值就是技术资本配置对企业当期损益的影响程度，而对当期损益的衡量指标包括净利润、营业利润、权益报酬率等，鉴于本书主要研究上市公司的企业价值，笔者选择一个较为综合的指标，即每股收益（EPS）。这是投资人最关注的一个指标。EPS 的计算公式为：税后总利润（也就是净利润）/总股份。EPS 的增长比例越高，公司的股票越具有投资价值，越能体现公司的当期价值。技术资本配置本质上属于无形资产投资，需要进行计提摊销和减值等，当期对企业损益的影响一般只影响当期利润。技术资本配置对企业未来的价值影响，对于企业未来价值的衡量指标，一般用企业未来现金流量的折现值，但是企业未来现金流量的折现值相对难于计量且不可靠。故选择企业托宾 Q 值（市场价值/账面价值）来衡量。与其他指标相比，托宾 Q 不易被操控、能更准确地反映企业长期价值及其未来现金流的增长情况。尽管 Q

理论在我国的应用还很有局限性，但它仍然给我们提供了分析问题的一种思路。现有研究中越来越多的学者倾向于选用托宾 Q 作为价值指标。在模型中选择资产负债率、企业规模和成长性作为控制变量，同时控制年份的影响。基本模型设计如下：

$$EPS_{i,t} = \beta_0 + \beta_1 TC_{i,t} + \beta_2 SIZE_{i,t} + \beta_3 LEV_{i,t} + \beta_4 S_{i,t}$$
$$+ \beta_5 IND_{i,t} + \beta_6 YEAR_{i,t} + \varepsilon_{i,t} \tag{5.1}$$

$$Q_{i,t} = \beta_0 + \beta_1 TC_{i,t} + \beta_2 S_{i,t} + \beta_3 SIZE_{i,t} + \beta_4 LEV_{i,t}$$
$$+ \beta_5 IND_{i,t} + \beta_6 YEAR_{i,t} + \varepsilon_{i,t} \tag{5.2}$$

对上述模型的变量设计如表 5 - 1 所示。托宾 Q 值在国泰安数据库中提供了四种定义方式。考虑到我国股权分置改革已经完成，非流通股在股份比例占比较小，就算是少量非流通股尚未流通，但股份所代表的内在价值与流通股无异。同时基于企业为实现可持续增长的目的，用流通股股价代替企业市场价值也比较合适。同时企业账面价值虽然可以用多种表达方式，但是应该包括企业所有可计量的资产类型。很多无形资产的价值创造能力已经超过了常规性资产。鉴于技术资本配置本质上属于无形资产投资，所以不应该在资产总额中减去无形资产。故对托宾 Q 的衡量，我们采用（企业股权价值 + 企业净债务价值）/总资产来定义。

表 5 - 1　　　　　　　　　　　　　**模型变量定义**

变量	符号	变量取值方法及其说明
每股收益	EPS	企业当期净利润/发行在外的普通股股数的加权平均数
企业未来价值	Q	（企业股权价值 + 企业净债务价值）/总资产
技术资本	TC	专利、非专利技术、系统与软件、开发支出、研发中心、其他技术资产汇总后取自然对数
公司规模	SIZE	公司总资产的自然对数
资产负债率	LEV	总负债/总资产
成长性	S	（本期营业收入 - 调整后去年营业收入）/调整后去年营业收入

技术资本被看做无形的、软性的，是传统要素资本的一种外延。对于技

术资本的基础概念，艾伦和爱德华（2009、2010）将其定义为专利、非专利技术、商标及其他一些技术部门等。罗福凯（2014）认为技术资本是投入生产过程中的各种技艺、技能、技巧以及术用载体，如高技术含量的人工文件、人工制品以及人的特别行为等。从企业对外披露的信息内容来看，技术资本包括研发形成的技术诀窍、系统软件以及相对独立的研发中心、开发性支出、技术使用权等。这里特别强调的是，作为重要的技术部门，研发中心除了为企业生产经营提供各种技术支持外，还可单独通过销售、抵押、转让其新技术等方式获取收益，但现阶段单独对外披露研发中心价值的企业很少，这部分数据比较匮乏。所以本书研究的技术资本包括专利、非专利技术、系统与软件、开发支出、研发中心、其他技术资产之和。为了尽可能地消除异方差的影响，在对其定义时取其自然对数，以增加其与其他变量之间的可比性。考虑到技术资本对企业价值影响的持续性，以及网络平台的性质，用历年累积的技术资本存量表示技术资本的投入水平。对主要变量进行描述如表 5 – 1 所示。

二、网络平台资产对企业价值的影响和估计

网络平台资产对企业价值的影响一般很难估计和计量，运用一般的计量经济学模型可能存在内生性问题，会遗漏较多的变量，比如经济、政治、制度、行业状况等。因此，很难找到工具变量来减少甚至消除网络平台资产对企业价值的内生性影响。萧等（Hsiao et al.，2012）提出了一种方法：通过允许不同截面的难以察觉的潜在因素，提供更多的灵活性，解决中国 2008 年 4 万亿元刺激方案对中国经济的影响的估计。笔者拟通过萧等（2012）构建的模型和方法运用到网络平台资产对企业价值的影响和网络平台资产本身价值的估计中来。特提出以下的模型构建思路。

我们定义 y_{it}^1 和 y_{it}^0 分别代表在 t 期有无网络平台的企业价值，在第 t 期搭建网络平台。则网络平台对企业价值的影响可以被定义为：

$$\Delta_{it} = y_{it}^1 - y_{it}^0 \tag{5.3}$$

通常我们不能同时观测到 y_{it}^1 和 y_{it}^0，我们可以把观测到的数据形式定义为：

$$y_{it} = d_{it} y_{it}^1 + (1 - d_{it}) y_{it}^0 \tag{5.4}$$

当所观测的企业在第 t 期拥有网络平台时，我们假设 $d_{it}=1$，反之没有网络平台时假设 $d_{it}=0$。用 f_t 表示 $(k \times 1)$ 的向量，它是 y_{it}^1 的共同因子。根据萧等（2012）的思路，我们假设 f_t 是一个严格平稳的过程。我们假定 t = 1，2，…，T_1 所有的企业都没有网络平台，不失一般性，我们假定第一家企业在 t = T_1+1，T_1+2，…，T 拥有网络平台。对于其他企业 t = T_1+1，T_1+2，…，T 没有网络平台。所以我们考虑了以下因子模型：

$$y_{it}^0 = \alpha_i + b_i'f_t + u_{it}, \quad i = (1, \cdots, N); \quad t = (1, \cdots, T_1) \quad (5.5)$$

其中，α_i 指的是个体截距项，b_i' 是向量的因子荷载，u_{it} 是误差项。

假设 $y_t = (y_{1t}, y_{2t}, \cdots, y_{Nt})'$ 是 y_{it} 在时间 t 上的一个 $(N \times 1)$ 向量。在 T_1 前，没有网络平台时，观测到的 y_t 可以采用如下公式：

$$y_t = y_t^0 = \alpha + Bf_t + u, \quad i = (1, \cdots, N); \quad t = (1, \cdots, T_1) \quad (5.6)$$

其中，$\alpha = (\alpha_1, \cdots, \alpha_N)'$，B 是一个 $(N \times K)$ 的矩阵，这个矩阵的第 i 行就是 b_i'，$u_t = (u_1, \cdots, u_N)'$。第一个企业从时间 T_1+1 开始存在网络平台，这样在 T_1+1 时，我们将得到：

$$y_{1t} = y_{1t}^1, \quad t = (T_1+1, \cdots, T) \quad (5.7)$$

我们假定其他公司没有搭建网络平台，这样我们可以得到：

$$y_{it} = y_{it}^0 = \alpha_i + b_i'f_t + u_{it}, \quad i = (2, \cdots, N); \quad t = (1, \cdots, T) \quad (5.8)$$

因为 y_{1t}^0 在 t = T_1+1 时不可观测，我们需要估计 y_{1t}^0 的反事实的结果。如果 T 和 N 很大，利用白等（Bai et al.，2002）方法识别共同因子的个数 K 并且利用极大似然估计方法去估计向量 B 和 f_t。但是在本书中，T 和 N 不是很大，所以沿用萧等（2012）（HCW）的思路采用参数回归模型用 $Y_t = (y_2, \cdots, y_{Nt})'$ 来替代 f_t 去预测 y_{1t}^0。

回想一下，当 $y_t = (y_{1t}, Y_t')'$，且 $Y_t = (y_{2t}, \cdots, y_{Nt})'$，公司拥有虚拟平台前的 y_t^0 可以通过以下因素模型生成：

$$y_t^0 = \alpha + Bf_t + u_t, \quad t = (1, \cdots, T_1) \quad (5.9)$$

其中，$\alpha = (\alpha_1, \cdots, \alpha_N)'$，B 是一个 $(N \times K)$ 的矩阵，$f_t = (k \times 1)$ 的向量，$u_t = (u_1, \cdots, u_N)'$，我们让 $\alpha = (1, -\gamma')'$，$\gamma = (\gamma_2, \cdots, \gamma_N)'$，使得 $\alpha'B = 0$，$\alpha \in N(B)$，其中 N(B) 是一个零子空间。这时我们将得到 $\alpha'y_t \equiv y_{1t} - \gamma'Y_t = \alpha'\alpha + \alpha'u_t$，因为 $\alpha'B = 0$，重新排列我们可以得到：

$$y_{1t} = \gamma_1 + \gamma' Y_t + u_{1t}^* \qquad\qquad (5.10)$$

其中，$\gamma_1 = \alpha' \alpha$，$u_{1t}^* = \alpha' u_t = u_{1t} - \gamma' U_t$，$U_t = (u_{2t}, \cdots, u_{Nt})'$。因为 u_{1t}^* 取决于所有的 u_{jt}，$j = 1, 2, \cdots, N$，所以 u_{1t}^* 和 y_t 是相关的。当 $\in_{1t} = u_{1t}^* - E(u_{1t}^* | y_t)$，$E(\in_{1t}^* | y_t) = 0$ 时，我们将 u_{1t}^* 分解为 $u_{1t}^* = E(u_{1t}^* | y_t) + \in_{1t}$，这样我们可以将式（5.9）重写为下式，即：

$$y_{1t} = \gamma_1 + \gamma' Y_t + E(\in_t | Y_t) + \in_{1t} \qquad (5.11)$$

HCW 进一步做出了线性条件均值函数假定，即：

$$E(\varepsilon_t | Y_t) = \alpha_0 + b_0' Y_t \qquad\qquad (5.12)$$

式（5.11）相当于萧等（2012）文章中提出的假定 6，用式（5.11）来替代式（5.10），当 $\delta_1 = \gamma_1 + \alpha_0$，$\delta = \gamma + b_0$，我们得到下列模型：

$$y_{1t} = \delta_1 + \delta' Y_t + \in_{1t} \qquad\qquad (5.13)$$

因为 $E(\varepsilon_t | Y_t) = 0$，$(1, Y_t')$ 的 OLS 回归结果将导致 (δ_1, δ') 的一致性估计。基于式（5.12），让 $(\hat{\delta}_1, \hat{\delta}')$ 表示为 (δ_1, δ') OLS 的回归结果，HCW 假设使用 $y_{1t}^0 = \hat{\delta}_1 + Y_t' \hat{\delta}$，$t = (T_1 + 1, \cdots, T)$ 来预测反事实结果 y_{1t}^0。这样，当 $\hat{\Delta}_{1t} = y_{1t} - \hat{y}_{1t}^0$，我们可以借助于 $T_2^{-1} \sum_{t=T_1+1}^{T} \Delta_{1t}$ 来估计拥有网络平台的信息技术类企业的平均企业价值。

第五节　实证结果与分析

一、技术资本、网络平台与企业价值创造的相关性回归分析

根据萧等（2012）的研究，按总样本对技术资本与企业当前价值 EPS 进行回归分析检验的同时，将全样本进行分组，分为不具有网络平台资产组和具有网络平台资产组，检验网络平台资产对技术资本与企业当前价值的关系。同时控制公司规模、资产负债率、成长性和年份的影响。回归结果列示于表 5-2。

表 5 – 2 技术资本、网络平台资产与企业当前价值（EPS）回归结果

变量	全样本	子样本	
		具有网络平台资产组	不具有网络平台资产组
常数项	− 1. 344 ** （ − 2. 652）	− 1. 201 *** （ − 3. 445）	− 2. 238 *** （ − 5. 365）
TC	− 2. 450 *** （ − 3. 011）	− 3. 553 *** （ − 5. 35）	− 1. 341 * （ − 1. 920）
SIZE	0. 236 （1. 213）	0. 132 * （1. 982）	0. 278 （1. 336）
LEV	− 0. 152 *** （ − 3. 655）	− 1. 201 *** （ − 3. 119）	− 0. 958 *** （ − 3. 222）
S	3. 214 *** （3. 366）	6. 556 *** （3. 318）	3. 46 * （1. 988）
YEAR	控制	控制	控制
D – W 值	1. 89	2. 01	1. 78
F 值	34. 22 ***	15. 32 ***	36. 11 ***
调整的 R^2	0. 23	0. 198	0. 312

注：*** 表示显著性水平为 0. 001，** 表示显著性水平为 0. 01，* 表示显著性水平为 0. 05。

从表 5 – 2 的回归结果可以发现，在全样本情况下，企业技术资本存量与企业当前价值 EPS 相关系数为 − 2. 450，并且在 1% 的水平下显著。表明企业技术资本配置越高，企业当前价值越低，即技术资本存量属于无形资产投资，需要投入研发支出，在会计处理上需要进行相关摊销、减值的计提和占用一定的资金，形成一定的费用。故技术资本配置水平对企业当前价值呈现负相关关系。在对样本进行分组检验时，具有网络平台资产组的技术资本对企业价值的回归系数为 − 3. 553，且在 1% 的显著性水平下通过了检验，而在不具有网络平台资产的情况下，回归系数仅为 − 1. 341，但也仅在 10% 的显著性水平下通过了检验。通过 bootstrap 检验得到经验 P 值为 0. 03，说明拒绝了原假设，表示具有网络平台资产与不具有网络平台资产的 TC 与企业当前价值 EPS 回归系数不一样。这表明具有网络平台资产，技术资本对企业当前损益的影响负相关程度越高。原因可能是在经济学领域，网络平台逐渐被视为一种特殊的基础性信息技术资产和提高企业资源配置效率与企业组织形态演化的关键要素资产。网络平台资产本身也会要求摊销减值等会计处理，对企业当期损益有显著的负向影响。这个结果与假设 H1a 相吻合，假设 H1a 通过了检验。

企业规模 SIZE 是研究技术资本对企业价值创造的影响因素时常用的控

制变量。公司规模 SIZE 在全样本情况下对企业价值的影响不显著，但是在具有网络平台资产组进行检验的情况下，公司规模对企业价值在 10% 的显著性水平下通过了检验，这表明公司规模越大，在具有网络平台资产的情况下，企业当前价值越高。本书受企业规模的控制，因为规模较大的企业比规模较小的企业可能拥有更多的资源，规模较大的企业更有实力对 R&D 投入，从而生产出更多的技术资本。因而在某种程度上，大企业比小企业的技术资本对企业价值创造能力的提升的作用更好。

资产负债率 LEV 对企业价值的影响在全样本情况下，呈现显著负相关，表明资产负债率越高，企业当期损益越低，原因在于资产负债率越高，债务利息就越高，对当期损益 EPS 的影响则越显著，但是资产负债率 LEV 在具有网络平台资产的情况下对企业价值的影响程度越高。企业成长性 S 越高，企业当期 EPS 越高，且通过了显著性检验，在具有网络平台资产组中这种关系体现的愈加明显。

根据萧等（2012）的研究按总样本对技术资本与企业未来价值托宾 Q 进行回归分析检验的同时，将全样本进行分组，分为具有网络平台资产组和不具有网络平台资产组，检验网络平台资产对技术资本与企业未来价值托宾 Q 的关系。同时控制公司规模、资产负债率、成长性和年份的影响。回归结果如表 5 - 3 所示。

表 5 - 3　技术资本、网络平台资产与企业未来价值托宾 Q 回归结果

变量	全样本	子样本	
		具有网络平台资产组	不具有网络平台资产组
常数项	2.310 *** (2.432)	1.59 *** (2.566)	2.59 *** (3.231)
TC	10.224 *** (3.563)	18.659 *** (3.563)	6.996 * (1.992)
S	1.325 *** (2.968)	2.102 *** (2.556)	1.121 * (1.865)
SIZE	1.201 *** (1.233)	0.099 * (1.966)	1.522 *** (3.210)
LEV	0.851 *** (2.120)	1.14 *** (3.246)	-0.007 * (-1.971)
YEAR	控制	控制	控制
D - W 值	2.03	1.99	2.11
F 值	18.65 ***	9.65 ***	20.356 ***
调整的 R^2	0.201	0.177	0.231

注：*** 表示显著性水平为 0.001，** 表示显著性水平为 0.01，* 表示显著性水平为 0.05。

从表 5－3 中可以发现，在全样本情况下，技术资本对企业未来价值的影响显著正相关，回归系数为 10.224，且在 1% 的显著性水平下通过了检验。对全样本进行分组后发现，具有网络平台资产组的技术资本与企业未来价值的回归系数为 18.659，且在 1% 的显著性水平下通过了检验。但是在不拥有网络平台资产组的技术资本与企业未来价值的回归系数仅为 6.996，虽然也通过了检验，但也仅在 10% 的水平下通过了检验。通过 bootstrap 检验得到经验 P 值为 0.013，说明拒绝了原假设，表示具有网络平台资产与不具有网络平台资产的 TC 与企业未来价值（托宾 Q）回归系数不一样。假设 H1b 得到了验证。即技术资本配置越高，企业创新能力越高，未来核心竞争力就越强，与企业未来的价值存在正相关关系，故对具有网络平台资产的上市公司而言，网络平台的创建能够促进技术资本对企业未来价值的创造能力。这说明技术资本配置越高，虽然因为减值、摊销等影响降低了当期损益，但是技术资本配置属于无形资产投资，技术资本的合理配置能够提高企业的核心竞争力，进而增加企业的未来价值。一个公司如果具有网络平台资产，也就相当于拥有了这方面的核心竞争力，可以积极地促进技术资本对企业未来价值的创造。不具备网络平台资产的上市公司虽然也能够给企业带来企业价值的增加，但是对企业未来价值的创造程度不及具有网络平台资产的上市公司。回归结果表明，虽技术资本能够提高企业的价值，但从长远来看，网络平台的搭建能够促进技术资本的质量和数量，进而提升对企业未来价值的创造程度和水平。

同时我们发现，成长性 S 对企业未来价值显著正相关，在具有网络平台资产组中，这种关系更加显著和相关。企业规模 SIZE 越大，企业价值越高，在不具有网络平台资产组中，这种正相关程度越高。这说明企业规模越大，不具有网络平台资产的上市公司，企业未来价值越依赖于企业的规模大小。而具有网络平台资产的上市公司，企业未来价值和企业规模的相关程度较低，因为这类公司具有网络平台资产，所以依靠网络平台资产能够促进企业未来价值的增长。对于资产负债率 LEV，与表 5－2 中的结果不一致，资产负债率 LEV 与企业未来价值正相关，也表明对企业未来价值的衡量与企业当前价值的衡量不一致，未来价值主要依据未来现金创造价值的能力，资产负债率越高，可能企业依靠负债的财务杠杆效应获得利润的机会越多，可能会促进企业价值的增加。

二、网络平台对企业价值创造的影响估计实证分析

在第三部分网络平台资产对企业价值的模型构建中，把萧等（2012）构建的模型和方法运用到网络平台资产对企业价值的影响和网络平台本身价值的估计当中。这种方法只需要一个拥有网络平台资产的企业和若干个不具有网络平台资产的企业进行计量估计，不需要大样本数据，即可得到网络平台资产的价值。本书中选择腾讯公司作为主要研究对象进行实证研究，在选择拟合组时，我们选择在我国沪深证券交易所上市的互联网企业作为网络组进行拟合，以这些网络组公司为拟合对象，得到腾讯公司没有网络平台资产时企业价值的估计值，将腾讯公司的实际价值与拟合的估计值进行比较，得出网络平台资产的价值，或者说网络平台资产对企业价值的影响。

腾讯公司是我国知名的门户网站，成立于1998年11月，注册资本为100万元人民币。2004年6月16日在中国香港地区上市，属于信息技术类上市公司，其旗下的腾讯游戏采取自主研发、代理合作、联合运营三者结合的方式，已经在网络游戏的多个细分市场领域形成专业化布局并取得良好的市场业绩（涂锐，2009）。有研究表明，当企业自主研发活动与购入技术具有一定的互补而不是替代关系，当它们相互合作的时候，对生产率的贡献是积极显著的。腾讯公司开始时采用自主研发模式，后采取代理合作模式为主要的运营手段。2010年6月17日，腾讯与美国思科公司签署合作备忘录，双方建立长期的战略合作伙伴关系。本书认定2010年6月17日腾讯公司采取联合运营模式运营，形成了本书所述的网络平台，吸引行业内外众多公司、供应商、技术提供商等参与开发。目前在A股上市的13家实质性的互联网公司具体包括300296三六五网（房地产资讯）、603000人民网（门户网站）、300113顺网科技（娱乐平台）、002315焦点科技（B2B电子商务）、300104乐视网（视频网站）、300226上海钢联（B2B电子商务）、002261拓维信息（计算机软硬件）、300059东方财富（门户网站）、300315掌趣科技（手机游戏）、000503海虹控股（医药电子商务）、300051三五互联（服务器）、002095生意宝（网站建设、电子商务）和300052中青宝（网络游戏）。

本书在这部分研究中选择企业托宾Q作为企业未来价值的衡量指标，

此处托宾 Q 设定为（企业股权价值 + 企业净债务价值）/企业总资产，查阅港交所对于腾讯公司的历年财务数据，我们得到腾讯公司 2010 年第三季度到 2014 年第四季度的财务数据，并得到腾讯公司这期间的托宾 Q 值，如表 5 - 4 中 Actual 所示。并通过本章第三部分构建的模型，结合上述 13 家互联网上市公司，拟合成如果没有网络平台腾讯公司 2010 年第三季度到 2014 年第四季度的托宾 Q 值（见表 5 - 4 中 Hypothetical parametric）并用实际托宾 Q（Actual）与拟合的托宾 Q（Hypothetical parametric）之差来衡量网络平台资产对企业未来价值的贡献程度（Treatment）。具体结果如表 5 - 4 所示。

表 5 - 4 网络平台资产对企业未来价值的贡献程度

时间	实际托宾 Q	拟合的托宾 Q	贡献程度
2010q3	6. 321	6. 899	- 0. 578
2010q4	6. 202	7. 022	- 0. 82
2011q1	5. 446	7. 236	- 1. 79
2011q2	5. 112	7. 358	- 2. 246
2011q3	5. 103	6. 387	- 1. 284
2011q4	4. 886	6. 023	- 1. 137
2012q1	4. 963	5. 298	- 0. 335
2012q2	5. 115	4. 977	0. 138
2012q3	5. 269	4. 825	0. 444
2012q4	6. 786	6. 299	0. 487
2013q1	6. 799	6. 001	0. 798
2013q2	6. 878	6. 231	0. 647
2013q3	6. 921	6. 865	0. 056
2013q4	7. 201	7. 215	- 0. 014
2014q1	6. 456	5. 328	1. 128
2014q2	6. 432	5. 147	1. 285
2014q3	6. 156	4. 333	1. 823
2014q4	6. 011	3. 256	2. 755

续表

时间	实际托宾 Q	拟合的托宾 Q	贡献程度
2015q1	5.893	3.219	2.674
2015q2	5.323	3.489	1.834
平均值	5.96365	5.6704	0.29325

注：平均值表示 2010 年第三季度到 2014 年第四季度实际托宾 Q、拟合的托宾 Q 和贡献程度的平均值。

如表 5 - 4 所示，可以发现，腾讯公司在具有网络平台资产的情况下，其实际未来价值从 2010 年第三季度到 2014 年第四季度的平均值为 5.96365，而通过国内 13 家互联网上市公司拟合的不具有网络平台资产的腾讯公司实际未来价值的平均值为 5.6704。总体来说，具有网络平台资产使得企业未来价值的平均值增加了（提高企业托宾 Q 值）0.29325。这表明网络平台能够增加企业的未来价值。但是从实证研究结果可以发现，提升的幅度不大，具体原因可能是因为网络平台资产对企业价值的提升由于其他类似企业的模仿效应，在某一个期间具有较大的提升作用，但是在某一期间提升作用不明显导致。下面我们根据表 5 - 4 的结果得到图 5 - 1，进一步说明虚拟平台对企业未来价值的贡献程度。

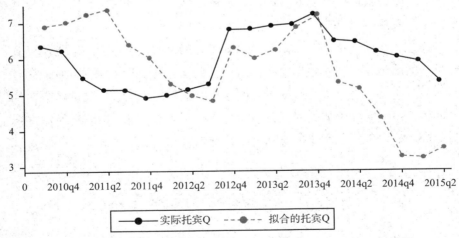

图 5 - 1　虚拟平台对企业未来价值的贡献程度（Treatment）折线图

图 5 - 1 中横轴 0 点表示 2010q3，我们通过图 5 - 1 可以直观地发现腾讯

公司实际价值在网络平台初始期一直到2012q2这段时间，一直低于没有网络平台资产的腾讯公司的企业价值。而从2012q2到2015年q2具有网络平台资产的腾讯公司企业价值比不具有网络平台资产拟合的腾讯公司企业价值要高。2013年q4是一个分水岭，从2012q2到2013年q4不具有网络平台资产的腾讯公司企业价值也呈现增长的趋势，但是从2013年q4开始，具有网络平台资产和不具有网络平台资产的腾讯公司企业价值都呈现下降趋势，但是不具有网络平台资产的腾讯公司企业价值下降的幅度比具有网络平台资产的腾讯公司企业价值下降幅度要快。

究其原因，笔者认为，网络平台是一种高级的、复杂的异质性资产，在网络平台搭建之初，可能因为技术资本的摊销、减值等会计处理的影响，使得企业当期损益降低，影响企业的当前价值和未来价值的估计。但是在2011年q3不具有网络平台资产的腾讯公司价值开始下降，而且下降幅度很大，但是具有网络平台资产的腾讯公司实际价值开始缓慢上升，这也体现出网络平台资产对企业价值的作用。在2013年q4开始，不具有网络平台资产和具有网络平台资产的腾讯公司价值都呈现下降趋势，但是不具有网络平台资产的腾讯公司价值下降幅度相比较更快。原因可能是，网络平台较易被模仿，其他类似上市公司会搭建该类平台，从而降低网络平台带给腾讯公司的价值。但是我们同时也发现，即便被模仿，具有网络平台资产的上市公司其价值下降幅度也较低。

通过上述回归结果，假设H2a和H2b得到了部分验证。即具有网络平台资产的腾讯公司在平台创建之初，对企业价值的提升作用不明显，甚至还不如不具有网络平台资产时的企业价值。但是从长远来看，具有网络平台资产的腾讯公司实际价值无论在成长期还是在下降期，都能够明显地促进企业价值的增加或者减少企业价值降低的幅度和速度。

第六节　主要结论与政策建议

网络平台资产是体现技术资本化的过程性与累积性、全面诠释技术资本能力的综合指标，虽已受到理论界与实践界的普遍关注，但可供借鉴的相关研究极少。本书认为，技术资本对企业价值的提升是一个累积性的复杂过程，受到不同层次因素的多重影响。鉴于此，本书运用我国沪深 A 股高新技术上市公司 2008～2014 年的平衡面板数据，通过最新的萧等（2012）构建的模型和方法，对技术资本与企业价值创造之间的相关性进行全新解释，并对网络平台资产对技术资本与企业价值创造的影响作用进行实证检验。主要结论如下。

一是企业技术资本存量的增加与企业会计年度当期价值显著负相关。表明企业技术资本配置越高，企业当前价值越低。即技术资本存量属于无形资产投资，需要投入研发支出，在会计处理上需要进行相关摊销、减值的计提和占用一定的资金，形成一定的费用。故技术资本配置水平对企业当前价值负相关。在对样本进行分组检验时，表明具有网络平台的企业，技术资本对企业当前损益的影响负相关程度更高。原因可能是网络平台本身也是一种特定形式的生产要素资本，网络平台本身也会要求摊销减值等会计处理，对企业当期损益有显著的负向影响。

二是技术资本能够提高企业的价值，网络平台的搭建能够促进技术资本对企业未来价值的创造程度和水平。网络平台使得技术资本的扩张速度和所产生的效果显著。这说明技术资本配置越高，虽然因为减值、摊销等影响降低了当期损益，但是技术资本配置属于无形资产投资，技术资本的合理配置能够提高企业的核心竞争力，能够增加企业的未来价值。一个公司如果具有网络平台，也就是拥有这方面的核心竞争力，可以促进技术资本对企业未来价值的创造。网络平台使得技术资本的扩张速度和所产生的效益十分显著。不具备网络平台的信息技术类上市公司虽然也能够给企业带来企业价值的增加，但对企业未来价值的创造程度不及具有网络平台的信息技术类上市公司。

三是与不拥有网络平台的企业相比，企业网络平台构建之初，会降低企业价值，但是后期网络平台能够促进企业价值的增加幅度和减缓企业价值的降低幅度。具体原因可能在于在网络平台搭建之初，由于网络平台本身也属于一种生产要素资本，需要计提摊销减值等会计处理，故在搭建之初，可能会降低企业价值，但是长期来看，由于网络平台属于企业核心竞争力，会增加企业价值，但是网络平台可能被模仿，其他类似上市公司会搭建该类平台，从而降低网络平台对腾讯公司的价值。但是我们也发现即便被模仿，具

107

有网络平台的信息技术类上市公司其价值下降幅度也较低。

我国信息技术类上市公司可以通过先进的信息技术搭建网络平台资产，利用网络平台资产的中介作用，吸引大量的产业、供应商、应用开发商围绕企业核心技术开发一系列的新技术或产品，促进技术资本在数量和质量上的飞跃，进而提升企业未来价值。这为我国上市公司技术资本创造价值以及网络平台资产对技术资本创造价值的理论提供了有用的参考。但网络平台式研发尚未被我国企业所理解和接受。因而启示国内企业在不确定和日益复杂的环境下，我国企业要理解网络平台内涵、网络平台对提升企业技术研发能力、巩固以技术为核心竞争力的重要意义、网络平台的激励和管理方法，以及迅速搭建适合企业具体情况的网络平台资产的重要性。根据本书的理论分析、案例研究和实证研究，提出以下对网络平台的政策建议。

第一，要提高企业经营者对网络平台的理解。创新型中小企业和个人参与网络平台，且在其中发挥的作用必将越来越大，因此，政府有必要向企业经营者宣讲信息技术、网络平台等的理论和实践意义，使企业经营者理解网络平台资产的内涵、性质和所提供的新型研发模式。

第二，网络平台的政策应激励企业广泛吸收外部有用的技术资源，并在此基础上进行二次开发。网络平台所具有的吸收外部技术资源的能力表现出低成本、高效率和快速度的特点。

第三，完善技术产权市场，促进信息、知识的交流以及技术资本的转移。完善的技术知识产权市场，提供给企业与外部技术资源接触的便利渠道，促进企业价值的提高。网络平台所发挥的作用和产生的积极影响必将更大。

第四，政府应制定相关法令、法规和相配套的技术政策，为大型跨国企业网络平台的搭建、运营和管理提供政策支持环境，为我国企业网络平台的搭建和参与其中的顺利实施提供保障。

本章未涉及网络平台资产的会计核算和平台资产直接创造价值的研究，这是本章的不足。

第六章 网络平台与企业价值创造：实践案例研究

网络平台来自实践的探索。美国苹果公司的 App Store 及谷歌公司的 Android 都是全球范围内最具创新力和影响力的网络平台。将美国公司与全球经济空前紧密地联系起来，正在成为美国信息技术产业价值创造的一个核心。苹果最大竞争对手可能是谷歌。本章将对这两家大型跨国企业各自网络平台的构建、运行及特征进行研究，凸显网络平台在驱动、支持技术研发中的独到作用，给当今企业在提升企业价值实践中以更多"财务战略"路径上的启示。并为下一章财务理论研究中增添更多网络平台资产方面的内涵与要点。

第一节 美国苹果公司——App Store 网络平台

一、美国苹果公司的基本情况

美国苹果公司自 1977 年成立至今，由一家美国本土的计算机企业发展成为全球顶尖的高新技术企业。其研发的 iPad、iPhone、iPod、Mac 等产品充斥在电子科技产品和互联网领域。苹果公司已经成为全球第一大手机生产商和最主要的 PC 厂商，以及全球市场价值最高的企业之一。苹果公司至今发布的几个著名第三方平台包括：iTunes 数字音乐平台、App Store 应用软件平台、iBook 电子书平台以及在线游戏社区平台等，都给苹果带来了巨大的声誉和利润（毛立云，2015）。

苹果公司利润来源于每个产品和服务的贡献。其传统盈利方式很简单，通过生产并销售高价硬件产品获取丰厚利润。但是，App Store 第三方开发平台的快速增长开始改变这种局面。根据苹果公司 2014 年财报，公司移动设备用户在付费应用方面的支出，在 2013 年 100 亿美元的基础上增长了50%，这意味着 App Store 营收达到约 150 亿美元。苹果公司从 App Store 获得营收的绝大部分直接转化成了利润，使其对苹果公司利润的贡献越来越大。App Store 第三方开发平台使得移动应用软件开发进入了一个新时代。调研机构 Ad Mob 认为，苹果从 App Store 中每月平均利润近 2 亿美元，年收入近 24 亿美元。App Store 第三方开发平台为美国创造了大量的就业岗位，根据苹果公司在其官方网站上的披露，美国就业市场上约有 102 万个以上的工作岗位均是由该公司的网络平台所创造出来或提供支持的，其中约 62.7 万个工作岗位归功于 App Store 第三方开发平台。苹果公司还宣称，在 App Store 第三方开发平台开发者已经拿到的累计收益中，有 80 亿美元被美国开发者所获得。苹果公司在技术创新和商业模式中运用网络平台资产塑造了苹果公司的神话。

2010 年 5 月，苹果公司市值超越微软，成为全球按市值计算最大的高新技术公司。在标普 500 指数公司中，苹果公司排名第二。2012 年创下6234 亿美元的市值，截至 2015 年，苹果公司已经连续 3 年成为全球市值最大公司。2016 年《财富》美国 500 强排行榜中，苹果公司首次跻身前三，在盈利方面，苹果公司超越所有榜上公司，以 533.94 亿美元的高利润位居第一。苹果公司的持续成功是公司承诺生产世界上最好的最有创新性产品所带来的结果。同时也证明了公司团队的巨大执行力。苹果公司在技术研发方面一直非常卓越。美国科技股五强占据了全球市值最高公司的前五名，依次为苹果公司、谷歌母公司 Alphabet、微软、亚马逊和 Facebook。尽管探究苹果公司成功的文章很多，但鲜有文章从网络平台的资产性质及其价值创造与财务战略的交互影响角度来挖掘苹果公司的成功要领并进行理论概括，这也成为本书写作初衷之一。

二、App Store 的资产性质和运行机制

App Store 平台的发展历程是网络平台在软件研发领域发展进化的历史。

App Store 是 application store 的缩写，是苹果公司推出的第三方应用平台，一边连接着第三方开发者——任一开发者都可以将自身开发的应用或软件发布到该平台；另一边连接着消费者——任一消费者都可从该平台免费下载或付费下载应用软件。App Store 第三方开发平台使得研发不再局限于大企业或科研机构的"实验室"或"研究中心"，广大的中小企业和个人也有均等机会参与到大企业的研发活动中，其研发边界进一步扩展。App Store 平台首创利用信息技术互相连接在一起所形成的全球化网络，用以开发手机操作系统，众多中小企业和个人参与开发及改进，技术资本得到不断积累。App Store 平台成功因素有许多。一方面，这些年信息技术的飞速发展为网络平台提供了技术支持；另一方面，网络平台的成功还在于其坚持以技术资本为核心，并使得技术资源投入、生产和交易全过程变得更加迅速和便利，深受客户欢迎，为企业带来丰厚利益。App Store 使得移动应用、软件等技术资源研发进入了一个新时代，引起了人们对"网络平台"的关注和广泛讨论。

苹果 2008 年 3 月 6 日对外发布了针对 iPhone 的应用开发包（SDK），以便第三方应用开发人员开发针对 iPhone 和 Touch 的应用软件。任何人都可以用自己的创意和想象力为 iPhone 手机功能编写服务程序并上传申请。同时，只要是 iPhone 手机的用户，就可以在 App Store 上下载自己所需的应用服务程序软件，从而扩充自己手机的功能（陈飞等，2011）。2008 年 7 月 11 日，苹果 App Store 正式上线。App Store 中可供下载的应用或软件已达 800 个，下载量达到 1000 万次。2009 年 1 月 16 日，应用超过 1.5 万个，下载超过 5 亿次。到 2010 年，App Store 中可供下载的应用超过 25 万个，下载量超过 50 亿次，App Store 软件开发者已从应用的销售中获得超过 10 亿美元的收入。2013 年 1 月 8 日苹果宣布，App Store 的应用下载量已经突破 400 亿次，其中半数是 2012 年完成的，当年收入近 24 亿美元。与 2013 年同期相比，2014 年年底的数据增长幅度更高达 44%。调研机构 Ad Mob 的研究显示，每位 iPhone 用户从 App Store 第三方开发平台平均每月下载 10.2 个应用软件，iPod Touch 用户平均每人每月下载的则更多，达到 18.4 个，苹果公司从 App Store 第三方开发平台中每月平均利润近 2 亿美元，年收入近 24 亿美元，用户的下载次数已经超过 200 亿次。可见，App Store 第三方开发平台是苹果公司的一台"机器"，该"机器"实际是一个庞大的技术系统，即信息技术集合。这项庞大的信息技术系统在会计上是一件资产。该项资产不断转为新资产、新知识，生产和出售软件技术，为苹果公司带来丰厚的利润。

拥有庞大的顾客群体之后，为了保持群体数量和其支付意愿，苹果公司在保持第三方开发软件数量的基础上，开始转向保证第三方内容提供的质量。为此，苹果公司保留了审查和批准在 App Store 发售的软件质量的唯一裁定权，这是防止顾客支付意愿由于大量庸俗软件的存在而降低的有效手段。例如，App Store 上曾出现了一款售价 9.99 美元叫作"I am rich"的应用软件产品，而其功能仅仅是在用户点开它以后显示一张钻石图片，在它面世的第一天，它就被苹果公司撤了下来。如果任由这类软件在平台上泛滥，对顾客的支付意愿会是一个不小的打击。苹果公司并不强调技术的先进性，更强调产品对消费者需求的满足，产品能够满足消费者需求是企业盈利的关键。苹果公司就是利用网络平台提高了苹果公司的创新效率和效果，相比之下，很多公司只重视技术产品研发，一味地追求高精尖的技术产品或服务而忽略它们的最终归宿，难以准确把握消费者需求。要成为苹果公司 App Store 的开发者，只需要 99 美元，就可以无限量上传应用并对应用自行定价，并可获得销售收入的 70%，如表 6-1 所示。苹果公司构建合理的利益价值，给应用程序的开发者分取应用程序收入的 70%，这是 App Store 最具特色的地方，更激发了开发者创造更多、更精彩的应用程序的热情，使得 App Store 平台一跃成为最受消费者欢迎的移动设备操作系统。苹果公司团队曾一度认为，苹果应保留 70% 的收入，因为它为应用层程序提供了平台。但事实证明，给应用程序的开发者分取应用程序收入的 70%，开发者每天平均可以提供近 300 个新应用，占据 99.4% 的市场份额，这不仅为开发者带来很大的利益，也为苹果公司带来很好的收入。App Store 平台之所以能够快速吸引数量众多的独立程序开发商，形成能够为苹果公司所用的应用软件，主要原因在于 App Store 平台为独立程序开发商提供了一种销售推广服务，保障独立程序开发商不需要投入相应费用便可将应用或软件展现在潜在的消费者面前。苹果公司提供的销售推广服务与销售收入分享制度使独立程序开发商与苹果公司的利益高度一致，苹果公司牢牢控制着并利用独立程序开发商资源，将其纳入以自己为核心的产业链中。

表 6 – 1　　　　　　App Store 产业链参与者的投入与收益情况

平台参与者	投入成本	所获收益
苹果公司	1. 维护应用发布平台 App Store 2. 建立开发者社区，提供开发社区 3. 发布开发工具 SDK	1. 苹果获得收入的 30%，将 70% 的收入分给开发者，吸引开发者参与 App Store 2. 促进 iPhone 及相关产品销售
软件开发者	1. 主要是软件开发的技术投入和运营成本 2. 开发者需给苹果公司缴纳 99 美元/年的注册费用，随后无须缴纳任何费用，便可上传无数量限制的应用软件程序	开发者获得应用收入的 70%

美国苹果公司 App Store 应用软件平台的特殊性还在于：以 iPhone 为例，其独特的操作系统 iOS、独立的应用商店 App Store，构成了一个不与其他企业进行技术、信息、知识等生产要素交换的封闭式生态系统。iPhone 在硬件层面是封闭的，但恰恰是这种封闭性保证了产品的系列化和标准化。苹果公司始终处于控制地位，参与平台的企业不会对苹果公司产生威胁。在实际的市场竞争中，iPhone 封闭的终端形式不但没有使其用户数少于其他品牌的手机，反而形成了更为紧密的用户群。苹果公司在移动设备市场上依靠 App Store 大获全胜后，在 2011 年乘势发布 Mac App Store，意图大幅提高 Mac OS X 的软件数量。从 iPod 到 iPhone 和 iPad 以及 iWatch，苹果公司始终致力于开发完美的产品，正是靠着卓越的产品，苹果公司得以吸引电信运营商和软件开发商等利益相关者的加入，进入了"创造客户价值—实现公司价值—赢得利益相关者支持"的良性循环。

三、案例发现与启示

App Store 平台在苹果公司技术创新活动中发挥"桥梁"的作用，实现苹果公司创新需求与其他参与主体贡献创意、思想和解决方案之间的有效对接。这里的参与主体包括范围十分广泛，如科研机构、高效、非制式团队、用户、专家等，他们都是网络平台技术资源的主要供给方，对苹果公司的技术创新活动效果产生直接影响。作为网络平台资产，App Store 无疑是手机软件业发展史上的一个重要里程碑。它并不是资源和参与群体的简单组合，它需要规范的组织和运行机制。搭建网络平台的网主企业（苹果公司）是保障 App Store 平台有效开展的关键，担负着平台的组织、运行和控制，它是平台规则的制定者，众多的开发者、内容提供者和运营商参与其中并遵循其中的规则。反过来，网络平台的成功离不开这些开发者、内容提供者和运营商，他们之间的分工协作、角色互补和利益共享正创造巨大的产业价值。

从苹果公司案例可以看出，苹果公司将 App Store 平台应用到技术创新活动中有以下三点优势。第一，苹果公司的产品能够精确把握用户的需求。盈利是企业最主要的目标，而产品能够满足用户需求是企业盈利的关键。相比其他很多公司一味重视技术研发，追求高精尖的技术而忽略产品的最终归宿，苹果公司一直以产品对用户需求的精准把握而著称。网络平台将供需双方实时对接，帮助开发者及时把握用户需求，第一时间提出创新观点。第二，提高苹果公司内外部创新资源的获取和利用效率。苹果公司十分强调对外部创新资源的获取和利用。精确把握客户需求是 App Store 平台在技术创新过程中最重要的资源，研发人员在进行应用、软件等技术资源研发时始终以一种消费者的心态去审视技术资源的设计。除客户外，也积极使用其他外部创新资源，如外部创意的直接获取、外部创新资源直接参与研发，提供技术或直接参与研发过程。第三，新技术资源创新效率高、成本低、交易速度快。技术创新活动利用网络平台中集聚的各种资源，加快了创新的过程、降低了创新的成本、提高了创新的效率。此外，苹果公司 iPhone 和 iPad 等产品的推出，庞大的苹果用户群体有着对应用、软件等技术资源的广泛需求，技术资源的交易变得更加快捷和便利。

第二节　美国谷歌公司——Android 网络平台

一、美国谷歌公司营收和净利润

美国谷歌公司 1998 年成立于美国硅谷，公司最初成立的目的是设计并管理一个搜索引擎，但随后将目光扩展到对各种形式的所有信息的掌握，把"将全世界的信息都组织起来"作为公司宗旨。谷歌拥有非常强大的创新实力，致力于互联网搜索、云计算、平台和硬件产品等领域，开发并提供大量基于互联网的产品与服务。谷歌公司的创新并不局限于固定的时间、固定的地点、固定的研究人员，而是尽最大可能地调动企业内外部所有创新资源，并及时与用户、开发者分享，开发出融合谷歌功能的新型应用产品，使谷歌始终站在技术发展的前沿。

谷歌，这家全球最著名的搜索引擎公司，构建了一个免费的搜索引擎平台，吸引了越来越多的用户使用，巩固了谷歌的用户群体。2006 年 10 月，谷歌市值达到 1450 亿美元，一举超越 IBM，成为继微软和思科之后的全球第三大最具价值的高新技术企业。2012 年 10 月 2 日，谷歌已经超越微软，成为按市值计算的全球第二大高新技术公司。整个 2015 财年，谷歌部门营收为 745.41 亿美元，高于 2014 财年的 656.74 亿美元。2016 年第二季度谷歌公司营收 215 亿美元，同比增长 21%，按照美国通用会计准则（GAAP），净利润为 49 亿美元，同比增长 26%。谷歌公司财务报表包括互联网及相关业务、硬件产品和虚拟现实产品及其他业务的业绩。Android 是一种基于 Linux 的自由及开放源代码的操作系统，主要使用于移动设备，如智能手机和平板电脑，由谷歌公司和开放手机联盟领导及开发。来自第三方开发者 Android 的数据显示，2011 年 9 月，Android 平台的应用数目已经达到了 48 万，而在智能手机市场，Android 平台的占有率已经达到了 43%。2012 年 1 月 6 日，谷歌 Android 平台已有 10 万开发者推出超过 40 万活跃的应用，大多数的应用程序为免费。2016 年第一季度，Android 平台仅游戏应用下载次数就已达到了 47 亿次。Android 平台很大程度上提高了谷歌的技术创新实力和价值创造能力。可以看出，谷歌的发展历程就是其创新演变的历程，谷歌无时无刻不在进行着创新。

谷歌的创新是如何与网络平台进行接轨，大量的新技术资源是如何获取、生产和交易则是中国财务亟待解答的问题。谷歌 Android 网络平台所带来的效益和效果是谷歌的核心价值。

二、Google Android 的资产性质和运营机制

谷歌拥有非常强大的创新实力，这不仅来自其自身的技术开发能力，更

115

来自其构建的庞大的开放式网络平台。2007 年 11 月，谷歌的手机开源平台 Android 正式面市，并逐渐得到了许多开发者的支持，并激发了一批基于 Android 二次开发的开发者的大量涌现。Android 市场份额快速增长，在保证谷歌自身的服务水平和质量的同时，更支持了第三方研发应用、软件等技术资源。2009 年 1 月，谷歌推出 Android 应用商店，已有超过 27 万款软件，下载次数超过 60 万次。2016 年年初，谷歌确认 Android 第三方开源平台用户总数达到 14 亿，为谷歌创造了 330 亿美元的营收，其中净利润 220 亿美元。Android 平台成为谷歌对抗苹果 App Store 开发平台的强有力竞争工具，也成为谷歌新的盈利增长点。尤其是它的开放性和共享性，使其具有部分公有资产或共有资产性质，从而为谷歌公司创造了巨大的信息技术客户。在这里，网络平台不再是媒介和桥梁，而是直接创造收益的资产。

相比美国苹果的 App Store 第三方开发平台，Android 平台最大亮点就是开源，只要通过谷歌的认证，任何一个组织或个人都可以根据自己的需求对 Android 平台上的任意产品进行二次开发和整合。同时 Android 更是允许各硬件制造商在自己手机或平板电脑上免费使用其开源代码，并鼓励第三方开发者加入 Android 应用程序的开发中，且所有加入者对软件的维护与更新也都是免费的。由于 Android 平台是开源软件，因此，在其基础上进行开发的成本相对较低，这对相关应用软件厂商、硬件厂商具有相当大的诱惑，Android 平台的部分公有资产性质使其在近几年迅速崛起。谷歌还积极鼓励内部员工每天用 20% 的自由时间进行创新，更利用有效的激励措施激发外部利益相关者参与到平台产品与服务的开发中。开源的网络平台，不仅可以发挥群体智慧、降低创新成本、提高创新效率，还使得谷歌获得了一大批免费的技术开发人员和产品使用用户。Android 平台不存在任何以往阻碍信息技术产业技术创新的专有权障碍，堪称首个为移动终端打造的真正开源免费和完整的移动软件平台。Android 平台终端得到了高速发展，并形成了很大的网络效应，有了平台的网络效应，从而也更容易吸引更多开发者投入其中。除了开源，联盟战略也是 Android 帮助谷歌提高自身竞争能力和盈利能力的法宝。谷歌为 Android 成立的开放手机联盟（OHA）不但有摩托罗拉、三星、HTC、索尼爱立信等众多"大牌"手机厂商拥护，还获得了手机芯片厂商和移动运营商的支持，仅创始成员就达到 34 家。这一联盟将支持谷歌发布的手机操作系统以及应用软件，将共同开发 Android 平台的开放源代码软件。网络经济下，运营商有着足够的话语权。App Store 平台对运营商定价的强势政策，极大触动运营商的利益，削弱了运营商的谈判空间。Android 平台的差异性被运营商视为重要的吸引新用户和减少流失用户的竞争力。联盟具有边界模糊、关系松散、机动灵活和运行高效的典型特点，以及增强自身实力、扩大市场份额、迅速获取新技术、进入外国市场、降低风险等内在动因。谷歌与客户、开发商、运营商等相关主体的关系更为紧密，使大量资金、人才、技术、成果等为其所用，持续的技术商品或服务产出，给谷歌带来突出的盈利能力，谷歌因此保持高的成长性，既使股东得到较多的投资回报，也使得谷歌有资本积累可以进行创新与发展，从而使其更具市场价值，如图 6 - 1 所示。

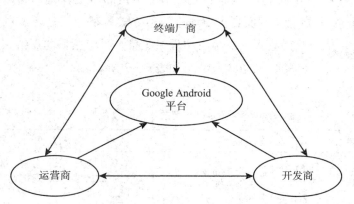

图 6 - 1　Google Android 开源平台各主体间相互关系

　　谷歌 Android 平台所采取的开源和战略联盟策略，吸引了一大批产业链上下游厂商和应用开发者加入该平台，从而调动整个产业链的积极性，而谷歌就是整个产业链的网主企业。网络平台有利于企业达成合作协议，降低交易成本，提高产业链的运行效率。因此，谷歌公司作为 Android 平台的网主企业具有以下三个条件。

　　第一，在行业中具有很强的影响力。谷歌在网络平台中处于网主地位，有一种可以吸引其他企业加盟的力量，并使其他企业认为加入该平台是有利的，从而吸引这些企业将自己有限的资源投入该平台中去。

第二，具有很强的研发能力。网主企业的研究与开发能力，直接关系到网络平台节点企业的利益。网主企业强大的研发能力将引领节点企业持续推出新应用或软件，引导用户产生新消费热点。网主企业与各节点企业形成了长期稳定的合作关系，促进整个平台生态系统的良性可持续发展。

第三，具有很强的组织协调能力。强大的网主企业着眼于长远利益，将合作伙伴建立长期合作关系摆在首位，并与合作伙伴分担风险。

Android 平台产业链通过大量专业化分工的独立企业、个人结成紧密协作的战略联盟，具有很强的协同效应。产业链上下游企业、个人联合进行技术研究与开发，能够减少单个企业新技术开发成本，并通过专业化和分工分散单个企业投资风险和增加新技术成功概率，无缝的上下游研发管理，降低了管理成本、运营成本，提高了研发效率。

开发者者参与到 Android 平台之中，根本目的还是获得利润，在谷歌构造的 Android 平台上，开发者主要通过两种方式盈利：一是通过对应用程序直接收费，从而获得收入；二是应用程序免费，吸引用户的点击，通过广告获得收入。参与者的投入与收益情况如表6－2所示。

表6－2　　　　　　　　Android 平台参与者的投入与收益情况

平台参与者	投入成本	所获收益
谷歌公司	1. 维护应用发布平台 Android 2. 建立开发者社区，提供开发社区 3. 发布开发工具 SDK	1. 不从开发者收入中分成，通过 Android 形成的网络效应，从移动广告中获得收入 2. 促进 Android 终端的销量，带来新的收入来源
软件开发者	1. 主要是软件开发的技术投入和运营 2. 开发者需要向谷歌公司缴纳25美元/年的注册费，之后无须缴纳任何费用便可上传无数量限制的应用软件程序	获得收入的70%，剩下的30%收入归运营商

具有戏剧性的是，虽然开源平台给谷歌带来了诸多好处，但谷歌却开始意识到开源平台的负面作用。由于 Android 平台的开源，导致目前市面上不同的设备出现不一致的用户体验，这对开发者造成适配方面的困扰。谷歌打算将 Android Wear、Android Auto 和 Android TV 等衍生平台效仿苹果，由自己掌握绝对的控制权，底层软件与接口都将被谷歌控制，厂商无权自己修改

Android 系统。其目的显然是想要让 Android 平台变得更加纯净，利用谷歌自己的产品或服务来提高留存用户率。用操作性系统绑定自身的服务，对 Android 平台来说是打造一个壁垒。对于谷歌而言，Android 碎片化不仅纵容了硬件厂商的界面和服务质量的下降，还分裂了 Android 的整体体验，大量山寨手机甚至影响了 Android 的品牌发展。事实上，由于目前 Android 平台基本上所有的应用都是第三方开发，这些应用也兼容苹果公司的 App Store 系统，用户从 Android 平台切换到苹果 App Store 平台上非常简单。而苹果的用户所享有的服务都是 App Store 平台自身所提供的，但从 App Store 平台切换至 Android 平台付出的成本却相对较高。根据目前谷歌将所有平台做底层打通的原则，手机也会和智能硬件等其他领域的系统统一，或许谷歌通过效仿 App Store 平台的封闭式，可以规范 Android 平台的碎片化问题。很明显，网络平台资产的增减变化和运营，必须遵循成本收益规则和要素资本均衡配置规则。

三、案例发现与启示

通过对谷歌的发展历程及其营收和净利润考察，以及 Android 平台运行机制的分析，发现 Android 平台在谷歌成长与发展历程中发挥着十分重要的作用。谷歌的 Android 平台实质上是一个创新枢纽，不同的第三方都可以到这里访问，开发出融合谷歌功能的新型技术资源。Android 网络平台的开展，技术产品或服务几乎覆盖了互联网的每个领域，将信息时代的互联网应用带入大众生活。谷歌可能是苹果最大的竞争对手。市场研究机构 Gartner 表示，Android 平台的创新速度快于苹果。主要原因是：Android 平台使谷歌与客户、开发商、运营商等相关主体的关系更为紧密，使大量资金、人才、技术等能为其所用，有效地带动了行业的发展，促进了行业产业链的升级与进化。谷歌公司通过 Android 开源平台，在 14 年的发展历程中保持高增长性，面对强大的竞争对手，并没有被市场淘汰，而是继续引领产业发展。

从谷歌 Android 平台实践可以看出，随着用户参与意愿增强和互联网技术发展，只有广泛应用创新资源，推动用户广泛参与，营造结构合理的创新生态系统，以开放、共享的模式进行创新，才能在新时代立于不败之地。

因此，网络平台的影响和作用主要表现在两个方面：一是网络平台可以促进企业成长。互联网信息化时代，网络平台为企业带来了更多低价甚至是免费的信息、知识等资源，使企业能够以低成本、低投入参与到创新活动中。同时，网络平台打破了原有的企业内部研发壁垒，降低了研发失败率。通过与其他资源的合作，使得技术资源可以以更快的速度投入市场，提高了创新的效率。在网络平台的作用下，企业可以获得更加丰厚的技术创新成果，快速应对市场变化。二是网络平台可以营造行业创新系统。Android 平台为行业内每个创新参与者包括用户、企业、运营商、第三方开发者、设备制造商、广告商等，提供了一个自我网络生存的空间。每一个参与者都可以利用这一平台充分表达自己的观点，分享自己的意见，汲取需要的资源，获得期望的收益。网络平台资产是现代知识经济的产物。社会经济活动的互联互通和共享，将成为网络平台资产持续增长的制度基础。

第三节　本章小结

网络平台是综合性、系统性很强的信息技术资产，其开发者不仅要掌握先进的信息技术资产，还需要具备先进的知识、经营管理理念和构思，这样才有可能创造出先进实用的网络平台。苹果 App Store 开放平台和谷歌 Android 开源平台成功地探索出一条信息技术应用下通过网络平台进行技术资源研发的实践路径。网络平台使得技术资本的引入速度加快，它是各类技术资源外购、研发和交易的载体，具有无形性，难以被传统会计计量，并且投资数额大、服务效益难估计。因此，网络平台投资与运作风险都比较高。网络平台资产的投资与管理是对平台资本以及相关要素资产的管理，要综合考虑各类资产的存量与运行状况，追求综合边际产出的最大。

对苹果公司和谷歌公司的案例进行分析，可以发现，对于实力雄厚的大型跨国企业可以搭建网络平台，成为网络平台模式的主导者有其先天优势。网络平台帮助苹果和谷歌提升技术资本的质量和数量，其价值创造依赖技术资源转化为技术资本全过程的顺利实施。技术资源转化为技术资本要经过技术生产、确认所有权和投入生产过程三个阶段，技术资源生产阶段，网络平台突破传统的物理时空和资源到场的硬约束，在虚拟时空鼓励消费者和开发者同时参与到平台中，且对参与的消费者和用户并没有设置障碍，极大改善了原有研发容易脱离用户和市场的风险。更为重要的是，通过直接获取消费者需求的第一手资料，有助于开发者为消费者提供更好满足他们日益变化的产品或服务。后两个阶段，苹果和谷歌并不完全坚持专利使用权许可费的知识产权保护模式，而是积极提倡一种更为开放的知识产权保护模式。苹果和谷歌为独立程序开发商提供了一种销售推广服务，保障独立程序开发商不需要投入相应费用便可将产品展现在潜在消费者面前，企业因此获得越来越多的专利应用和软件，成功实现塑造未来可持续企业价值创造和实现的路径。

在产业经济学的视角下，网络平台的本质是划定一个新市场，改变旧有的市场规则，并制定新的市场规则。新市场规则意味着生产要素和市场力量的整合与重新配置，发展的内在趋势是依托信息技术实现虚拟化应用、软件的研发和销售，成本更低、效率更高。从理论上讲，我们已经开始逐渐认识到"网络平台"的一系列效应，并不断揭示这些效应对企业成长、竞争优势、价值创造以及宏观经济转型发展所产生的积极影响。近年来，纵观国内迅速崛起的企业，电商领域的阿里巴巴，新兴的以互联网平台标榜的小米公司，这些企业身上都有"平台"的基因。网络平台目前在我国刚刚被引入，有关网络平台的研究也主要集中在信息技术产业内。从中国信息技术企业的转型来看，虽然不能说美国的模式一定适合中国企业，但未来这类企业的发展方向一定是向美国看齐的。从向美国信息技术靠拢的趋势看，未来中国信息技术企业的利润占比都有很大的增长空间，创新带动非线性增长。在互联网经济下，网络平台对企业技术研发的支持作用必将日益明显。网络平台资产的开放性、共享性和部分免费性，将使网络平台资产呈现公有产权和共有产权的特征。这就为网络平台资产的资本化及其价值创造，提供了新的财务理论解释。网络平台资产的股权性质和计量，部分公有产权的确认和计量，将成为公司财务新的研究课题。

第七章　网络平台的财务战略价值与价值创造驱动

第一节　财务战略取向

自 20 世纪 80 年代进入互联网经济时期以来，企业外部环境发生了重大变化，主要表现为：客户和市场需求复杂多变；经济全球化导致商品和生产要素在全球范围自由流动；信息技术的广泛应用改变了企业传统的竞争和合作方式。网络平台突破产业边界，大量产业中的企业和个人在虚拟空间上集聚，并形成强劲、持续价值创造的现象。网络平台的特殊性在于其内部包含了无数既竞争又合作的独立个体，因而是共享基础上的共同价值创造过程的载体。目前的企业财务战略研究还主要集中在一般企业或跨国企业集团的研究上，尚缺乏网络平台这种互联网经济下的企业财务战略研究。现实中，美国苹果公司常年蝉联科技领域的榜首，2001~2014 年 13 年的时间就实现了从濒临破产到当今全球市值最大公司的华丽转身。阿里巴巴从创业至今，用了十几年的时间成为全球最大的电子商务企业，并于 2014 年在美国证交所成功上市。中国的小米科技于 2010 年成立，2014 年已经成功跃居中国手机市场份额第一的位置，是全球价值最高的未上市科技公司，这些都是平台主导企业发展成功的典范。对近年来我国上市公司财务报表进行分析，越来越多的大型跨国企业开始在资产负债表之外的无形资产信息中加入平台资产、平台研究与开发等信息，且信息披露的广度和深度在日益加大，这表明网络平台已经带动企业价值观念和财务战略取向的变革和创新。

　　财务战略是企业生存和发展最重要的基础。选择怎样的企业财务战略，决定着企业财务资源配置的取向和模式。因此，所选择的财务战略要善于适应企业外部经营环境的变化，并对企业财务资源进行有效的配置和优化组合，实现企业内外部经营环境和企业战略目标间的动态平衡，促进企业财务战略目标即企业价值最大化的实现。从网络平台视角研究企业财务战略取向，扩宽了财务战略的研究视野。网络平台的财务战略取向可追溯到美国著名战略管理学家迈克尔·波特提出的价值链。波特（Porter，1947）认为企业每项生产经营活动都是其价值创造的经济活动，企业所有的互不相同但又相互联系的生产经营活动，构成了创造价值的一个动态过程，即价值链。皮特（Peter，1992）提出了价值流。他把客户对产品的需求作为生产过程的重点，把供应商和消费者纳入价值流中，且由消费者需求拉动价值流，强调基本价值活动的交叉功能（如技术资源的生产、投入和交易之间等），并认为信息技术的应用是辅助活动的一个重要环节，而与这些内容相关的利润被认为是有效完成这一过程的副产品。瑞波特和斯维科拉（Rayport and Sviokla，1995）提出价值群。他们认为当今企业都有两条价值：由物理时空构成的实体价值链和由信息技术构成的虚拟价值链。在虚拟价值链中，信息技术是价值创造的源泉，而不仅仅是产生价值的辅助因素。越来越多的学者对瑞波特和斯维科拉（1995）的观点进行了深入研究，重点放在技术发展对价值链的影响，并提出了由虚拟企业构成的价值群的概念。拥有网络平台资产的企业在其财务战略规划中一个显著特征就是：价值链到价值群的转变。公司财务战略上的价值链转化为价值群是财务战略理论的新进展。价值群的提出为网络平台的价值创造路径研究及其财务战略取向奠定了基础。信息技术的发展将继续为网络平台提供无限的可能并满足网络平台的各种新需求。

　　但是，无论价值链的形式如何变化，其本质不变，即价值链是由一系列能够满足消费者需求的价值创造活动组成的，这些价值创造活动通过信息流、物流或资金流联系在一起。佐特和阿米特（Zott and Amit，2007）基于对电子商务公司价值创造来源的研究，认为网络平台是超越企业边界的各构成要素之间相互依存的活动系统。虽然该理论引发了后续一些相关研究，但有学者质疑其只强调连接的经济维度而忽略了蕴含其中的关系维度。塔帕尼和卡里（Tapani and Kari，2014）认为网络平台在时间维度上产生的价值延续时间将更长。魏炜（2011）认为苹果公司和 Facebook 等快速成长公司获得高估值的原因在于其采用了"平台型商业模式"，本质是平台上用户与用户、用户与开发者、开发者与开发者之间形成的一种正反馈机制，双边利益相关者不仅相互依存，而且还能够相互加强。网络平台重新界定了用户、开发者、产品、利益相关者和产业边界。因此，企业财务战略取向应关注通过以包括音乐、游戏等各种应用软件和以 iPhone、iPad 等硬件为核心的商业共同体如何创造价值。"App Store + iPhone"是迈向价值空间更大的商业共生体。

美国学者认为财务战略是企业家创造价值的艺术性策略，其为企业家提供思维框架、定理化财务模型和财务思想。将"App Store + iPhone"这个迈向价值空间更大的商业共生体纳入财务战略框架内，是互联网经济所独有的。事实上，如果将某种资产纳入财务战略框架中，则该企业相关的财务战略将具备这种资产的特性，相关的财务战略观念也发生了相应的转变。作为曾经的外部因素，不确定性和风险已经成为企业适应外部经营环境变化的内部因素。原本不相关产业的公司只要有新构想就可加入网络平台中，这使得整个商业经营规则发生变化，跨越产业边界的协作成为新常态。财务战略中心不再局限于单个企业或企业集团，而是整个平台价值创造生态系统，具体表现在：平台替代传统技术研发部门成为企业的主要隔绝机制；平台成为企业的异质性资产，对技术资本的投入、生产和交易起到决定性影响。因此，在制定相关财务战略时，在宏观环境分析的基础上，企业财务战略取向必须要考虑网络平台资产对企业财务战略的影响，根据宏观和微观经济环境的变化制定出合理可行的财务战略。所制定的财务战略应从优势和风险角度充分考虑平台内外部集聚的资源和所产生的风险，根据平台生命周期的变化制定不同阶段的筹资战略、投资战略和分配战略。而且，在财务战略形成过程中，要考虑战略与环境、战略与战略之间的互动影响，并按照新战略及其实施要求利用平台优势对内外部资源进行重新整合，扩展财务战略的形成和财务战略目标实现的可行路径，为财务战略制定提供更广阔的可行区域和更合理的选择标准，从而制定出动态的稳健发展型、快速扩张型、防御收缩型等财务战略。企业网络平台的建立是该企业信息技术发展水平的标志。创建拥有自主产权的庞大信息技术系统，对任何企业而言，都是一项重大的财务战略选择。虽然网络平台的创建和运营也应遵守资本收益规则和要素资本均衡配置规则，但其战略价值是任何一台机器设备和厂房所不能比拟的。

第二节　财务活动及特征讨论

　　劳动力是封建社会最重要的生产要素，古时的"以丁夫为本"的经济思想就是由此而来。劳动和土地是奴隶社会最重要的生产要素。当封建社会走向末期，产生了以大机器工业为主要内容的资本主义，此时资本的经济含义被扩张，其增值性、产权性、变动性等使其与其他各种生产要素相结合，孵化出无数的要素资本，如人力资本、物质设备资本、货币资本、技术资本、信息资本和知识资本等。但资本主义生产过程中的资本主要以物质设备为载体。信息技术的发展，为企业生产、管理和经营的自动化开辟了广阔的可能性，由此资本主义经济开始从工业时代的机械化向自动化、信息化转变。所需要的大规模的新基础设施建设和技术设备更新，成为推动资本迅速积累的强大动力和物质基础。互联网经济下，货币资本和物质资本的作用在减少，甚至在没有货币资本条件下，知识、信息和技术相结合，经过交易过程，进入生产过程，知识资本、信息资本和技术资本可直接创造价值，它们的作用越来越大。

　　在市场处于"自然"和"自发"组织状态时，资源配置机制依靠"看不见的手"，这时市场组织以"隐形市场"为存在方式。平台的出现，使得市场本身具有了"人的经济意志"，并具备了更为具体的组织结构特征。这标志着市场发展进入到更为高级的阶段，以"显性市场"为存在方式。平台作为一种新的"组织结构"是存在于物理和虚拟空间的交易场所，促进双边和多边的用户与开发者间完成软件的生产、投入和交易，实现价值的最大化。参与其中的企业和个人相互交流知识、信息、技术等资源，从而产生更高层次的知识、信息、技术等要素资源。需求方不必投入大量的人力、物力和财力来搭建自己的研发中心或研发实验室，可以完全依靠网络平台来发布需求，供应方也可依靠网络平台提供丰富的新技术资源。事实和现实表明，网络平台的产生基础是信息技术，没有信息技术就没有网络平台。网络平台是信息技术的集合。如同蒸汽机和发电机作为第一次和第二次科技革命的标志一样，信息技术可以说是第三次科技革命的标志。本质上，网络平台同蒸汽机和发电机一样，都是生产工具之一，并不能替代产品的生产过程，而只能改变和影响生产过程。网络平台并不能替代产品研发和技术创新，也不可能取代供应链管理。网络平台的核心资产是信息技术、技术研发人员、信息、知识和技术（即应用、软件），而普通的劳动、资本则成为次要资产。因此，在财务上，网络平台是以信息技术为基础开展研发活动以创造价值，技术是网络平台的基础资产。另外，还需要相应的知识、信息，但财务是技术创新的基础。网络平台财务的首要特征是技术、信息和知识等新兴资产的数额远高于人、财、物等传统资产存量。网络平台的异质要素资本种类明显多余传统的实体工商企业资本种类。只有网络平台的多种异质要素资本配置比重达到均衡时，其资本收益率才能持续增长。平台内的各要素上台阶是一个局部意义上的"改良"，而不是"变革"。

网络平台财务就是在平台价值目标的指引下，采用先进的方法合理配置平台的资源，以提供更好的服务。与传统财务相比，网络平台财务具有以下五个突出的特点。

第一，网络平台的信息和知识等新兴要素资产高于人、财、物等传统资产。信息技术的深度应用是网络平台的首要标志。平台在连接双边的过程中，积累了海量的信息和知识资产。信息技术的发展，获取信息资产的成本不断下降，但处理和应用信息资产的成本却在不断提高。在这一过程中，大量信息资产汇集在平台上，造成平台对信息资产的垄断。提供有价值、有限制的信息资产是网络平台的工作重心。网络平台创造了用户显示个性化需求、开发者处理相应需求信息的零成本市场。进一步地，在大数据、云计算等智能计算的辅助下，开发者几乎可以以零成本来处理用户需求信息。通过集聚，知识资产的传播和扩散也在扩大。网络平台在一定程度上对现有知识资产的重新排列和整合（Kogut and Zander，1992）。平台参与主体都拥有自身独特的知识库，参与主体的多样性越高，各自知识库之间重叠的比例越小，网络平台中各企业或个人越有可能接触到不同领域的新构想。网络平台综合各利益相关者的知识资产，实现知识资产的互补。网络平台通过市场化的运作来组织整个价值网络和引导知识、信息生产力价格的形成，以支持知识、信息价值的生成和流动。网络平台的信息、知识之所以能创造价值，在于其信息、知识已经商品化和资本化。从财务视角来看，网络平台的技术资产、信息资产和知识资产数额，远高于其人力资产、货币资产和物质设备资产。所以技术、信息和知识等新兴资产高于人财物等传统资产，应是网络平台的财务的首要特征。

第二，网络平台实际上是高级人力的一场革命。网络平台人力是一个平台运转所需的各类员工资源的价值总和，主要是一些懂技术、管理、理念先进的复合型人才。网络平台使得企业拥有一支懂技术、具有先进理念的高水平研发团队。网络平台上所提供的应用、软件等，在很大程度上受开发人员自身素质的影响。在传统的企业研发模式下，将全球范围内背景不同的专家聚集到一起是一个不可想象的事情，但网络平台做到了。网络平台打破时间与空间上的限制，有助于企业通过与全球开发企业或个人建立联系来获得新构想、新信息、新知识和新技术资产，同时获得市场合作者或赞助者。网络平台的构建促使技术人员结构逐渐向高素质的专业技术人才倾斜，以此来提升创造力和研究成果转化为生产力的效率。网络平台的人力资源不仅仅是技术人员，还应当是具备创新意识的创新者。由于网络平台上的专家来自全球各地，因此，对技术需求者来说，专家所处的具体地点并不重要。只要有网络的地方，网络平台就能起到作用。知识、技术的供求双方相互之间甚至可以不用见面，只要通过电子邮件、电话或视频等就可以解决整个技术难题。所以高级人力是网络平台的第二个财务特征。

第三，技术是网络平台的存在基础，也是其核心资本；知识是网络平台研发、运行和管理的工具，而信息主要是管理的对象。网络平台的成功来自外部因素与内部因素。前者是信息技术飞速发展为网络平台开展各种业务提供的基础和保证。后者则是对各异质性要素资本的合理配置与整合。其中，技术是网络平台的核心资产，主要包括平台设计、建设性技术资产、平台内的信息技术软件等。网络平台实现了知识共享。知识是一个平台建设与运营所体现出来的各种先进理念与文化，如财务理念、经营理念、研发理念等。信息是网络平台运行的必要资产。网络平台作为技术资源外购、合作研发和交易的载体，实际上是一个信息技术互动的过程。财务学视角的信息是一种预期能够为企业带来经营利益的信号信息，具有替代资源、发现价值和创造价值的功能。平台信息是平台所能够提供的各类有用的信息和讯息的总和，体现平台的宗旨和目标，也体现了平台的竞争能力。信息告诉我们生产要素的变动情况，以及变化之后所引起的后果。提供优质信息是网络平台成功的根本出路。

第四，资本配置是网络平台筹资、投资和利润分配之外的另一个重要财务活动。技术资本配置的目的不是缓解稀缺性，而是提供技术资本的共享性和普及性。应注意，任何个别资本都不能独立创造价值，任何价值都是异质要素资本配置在一起共同创造的。一个企业只要拥有两种或两种以上的异质要素资本配置，就可以创造价值。总体上，技术、信息和知识等新兴生产要素的收益率，远高于人力、货币和实物等传统生产要素的收益率。这是因为，技术替代和节约人力的程度远大于机器设备替代和节约人力的程度，且技术、信息和知识的边际投资收益率递增，而人力、货币和物质设备的边际投资收益率递减。在这里，各种生产要素只有进入市场经济并且转化为要素资本，才能创造价值，资本是价值和收益的唯一来源。技术、信息和知识等要素转化为资本的标志，在于其产权明确，产权是资本的制度基础。所以科技成果只有转化为现实生产力，才能创造价值。资本是市场经济现实生产力的一般形式。而且，只有异质要素资本配置比重比较均衡，资本收益率才能持续增长，当企业的各项异质要素资本边际转化率和边际收益率相等相近时，企业实现收益最大化。因此，单一的网络平台资本是不可能创造价值的，必须与在平台上吸收或衍生出的其他不同性质的资本相配合，网络平台构建了一个"平台—跨产业整合资本"的资本配置机制。所以网络平台的财务活动包含的异质要素资本比传统实体工商企业更多，异质要素资本配置水平的要求更高，传统财务战略发生转变。

第五，边际收益递增将可能成为网络平台的新财务规则。网络平台带来了一个更优越的新生产函数，更强调跨越产业边界，将大量分散的异质性资产聚集，体现为生产条件和生产要素资产新组合，使生产趋向规模报酬递增，在非均衡增长路径上增强熊彼特提出的技术创新能力，极大提高了技术资本存量，更好地实现企业价值。

与生产物质产品的传统工商企业不同，网络平台主要研发、生产和提供无形产品和服务。传统物质产品的生产，其成本随资源消耗增加而增加；人力、财力和物力的持续投资，将出现边际收益递减现象；资源配置受稀缺性制约，而且人力、财力和物力的专用性很强，相互之间的替代性较弱，其复制难度和成本很高；其供应曲线在坐标系里向右上方倾斜，供应量随着价格的增加而上升；其需求曲线在坐标系里呈下降趋势，价格随着供应的增加而下降。网络平台则相反，其资源配置效率由普及程度决定而与稀缺性基本无关。由于人力、财力和物力的消耗较小，技术、信息和知识的消耗较多，而技术、信息和知识的复制成本低，专用性低，使得网络平台在投资增长中的边际收益递增。网络平台的技术产品或服务供给和需求不再由资源稀缺性和人效应偏好所驱动，其供应和需求曲线方向与传统实体企业相反。因此，信息技术投资引发边际收益递增，是网络平台财务活动的第五个特征。

第三节　信息技术转化为信息技术资本

网络平台目前是大型跨国信息技术企业的一项关键信息技术资产，是账户性的。从技术开发和经营管理的角度来看，网络平台是补偿技术类产品空白的重要支持平台。在生产和再生产的阶段中，资本是创造价值的唯一手段，信息技术只有与创造资本相融合，才会产生先进生产力和新兴产业。资本的生成过程是开展信息技术资本理论研究的基础与起点（罗福凯，2014）。若企业不能将信息技术资产转换成信息技术资本，即未能将其作为企业资产录入账户以表明所有权，而像普通的资本支出一样，将其纳入费用账户并分摊产品成本中，那么即使信息技术再先进，也很难为企业创造应有的价值。信息技术的资本化过程是一场重大的资本革命（张景安，1999）。

信息技术投资通常是企业在软件、硬件、网络通信及其外围设备的投资，从结果上看，它只是形成了企业的信息技术资源，信息技术资源能否发挥其功能，还取决于企业能否拥有强大的信息技术能力，即获取、配置和交易信息技术资源的能力，并与企业其他资源进行有效整合，以形成和支持信息技术资源商业化过程，即转化为信息技术资本。其核心基础是"连接＋资源＋价值"。网络平台供需双方通过平台相互连接，供给方直接提供技术产品或与平台参与方一起进行研发，通过在特定时间内让渡技术资本所有权和使用权，需求方免费或付费下载，供给方为需求方创造价值，反过来，需求方的规模经济也给供给方带来价值。经济全球化决定了信息技术资本是宏观国家经济增长和微观企业价值创造的重要源泉。随着信息技术资本重要性的日益提高，越来越多的学者把信息技术资本作为单独的生产因素融入生产函数，以了解它的边界产出以及对其他生产要素的纯替代能力。信息技术资本并非孤立于其他要素资本，信息技术资本与它们有着密切的关联性。信息技术资本对其他要素资本在企业内的配置和流动起到了引导作用。从这一点来看，信息技术资本创造价值的功能并不明显。因此，信息技术资本在企业中易被忽视，很多企业的信息技术投资未以信息技术资本来列示。但有一点是可以肯定的，信息技术资本参与价值创造活动，信息技术资本可以引起某一价值创造活动，又可以终止某一价值创造活动。

信息技术投资所形成的网络平台资产，打破了人流、物流、信息流、资金流和交易流的技术特征和物理时空约束，其价值创造逻辑是以"连接"再"聚合"的方式降低各平台参与方的交易成本，每一位用户作为独立的需求个体活跃在平台上，形成了规模经济。供给方根据需求方提供的多样化需求，持续产出应用、软件，带来了供给方的范围经济。需求方和供给方之间的良性互动使得规模经济和范围经济都呈现级数扩张，是网络平台资产创造价值的重要原因，如图7-1所示。网络平台资产为低成本来研发个性化、多样化应用、软件等技术资源提供了载体，对市场需求及时做出反应，保持技术资本积累的增值能力。

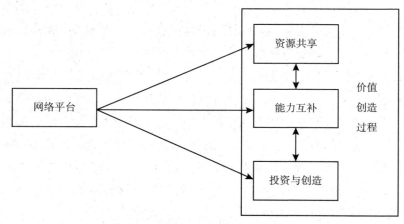

图7-1 网络平台的价值创造过程

第四节　价值创造驱动因素

　　网络平台扩大了企业技术创新活动的范围、降低了研发成本，成为企业研发成功的关键资产。平台资产的性质内核是作为商品的平台自身对匹配交易供求关系和提高交易效率的追求。以苹果公司为例，网络平台的价值创造关注的是通过以包括音乐、游戏等各种应用软件和以 iPhone 硬件为核心的商业共生体如何创造价值。苹果及其优良的高估值显示出 "App Store + iPhone" 共生体的优越性。因此，研究网络平台资产的价值创造驱动因素，是十分有必要的。

　　首先，网络平台资产的诞生，是信息技术领域中的又一次技术变革，属于熊彼特创新逻辑（schumpeter innovation logic）。熊彼特的 "创新" 包含有采用新的技术、新的生产方法等内容，这实际是把新的科学技术转化为新的生产力的过程。从一定意义上说，它实际是承认了科学技术是第一生产力，以及生产力是人类生产活动中最活跃、最革命的因素。根据熊彼特的创新逻辑，网络平台是一个经济范畴，而非技术范畴，它不是指网络平台的发明创造，而是指将已发明的网络平台引入企业之中，形成一种新的生产能力。网络平台既给网主企业带来了价值创造机会，同时也为其他企业开辟了发展的道路，使整个行业形成一个 "创新" 浪潮，从而获得普遍发展。一个行业的发展又会推动其他行业以致整个社会经济的发展。其次，苹果公司采用的平台模式属于经济外部性逻辑（externality logic），而经济外部性逻辑包含了当前 NICE 模型中的两大因素（互补和锁定）、平台模式的相互增强以及 "搭便车" 等驱动因素。网络平台通过信息技术拓宽了用户接触面、大大降低交易成本、加快应用或软件推向市场的进度，这是基于互联网逻辑（internet logic）而创造价值。同时，网络平台积极鼓励相关产业和非相关产业的中小企业和具有创新能力的个人参与到平台中，用户也参与到研发，开发者和用户贡献的知识、信息、智力等结构化降低了研发要素的采购成本，因此，网络平台通过交易逻辑而创造价值。当然，网络平台也采用了财务逻辑撮合跨越产业边界的交易，培育数量众多的价值生产群成员，实现商业创造价值。财务逻辑在网络平台中会以现金流结构创新或打破资金约束来创造价值。因此，本书中网络平台价值创造驱动因素模型包含熊彼特创新逻辑、经济外部性逻辑、交易逻辑、互联网逻辑以及财务逻辑，如表 7 – 1 所示。

表 7 – 1　　　　　　　　　价值创造驱动因素——STIEF 模型

价值创造来源	本质	内容	案例
熊彼特创新逻辑	设计出不同于行业现有的新的不同组合而创造价值	● 新的价值主张即满足方式 ● 新的利益相关者、治理	苹果公司、阿里巴巴、小米科技
经济外部性逻辑	利用正的外部性可增强客户价值主张或降低机会成本而创造价值	● 互补 ● 增强 ● 锁定 ● "搭便车"	苹果公司、阿里巴巴、小米科技
交易逻辑	通过降低企业所需资源的机会成本而创造价值	● 技术 ● 闲置资源 ● 耗散资源	阿里巴巴，小米科技
互联网逻辑	通过互联网极大降低交易成本、扩宽客户接触面，以及客户扩展速度快而创造价值	● 平民化 ● 用户体验 ● 规模制胜	阿里巴巴，小米科技
财务逻辑	撮合交易，实现过去不能实现的商业而创造价值	● 现金流结构 ● 资金约束	阿里巴巴、小米科技

价值创造驱动因素之间互补性越好，网络平台规模越大。从表 7 – 1 构建的 STIEF 模型中，我们发现网络平台资产的价值创造驱动因素呈现如下特点：一是有着不同于行业其他公司的新组合；二是有着集中价值驱动因素的结合；三是倾向于选择价值空间大的共生体。因此，基于共生体的网络平台对企业价值创造和可持续经济发展提供了条件。

网络平台的竞争优势来自更有效地利用外脑资源及利用他人的研发成果，以及很多以前只能被搁置起来的"无用"研发成果，现在可以在外部寻找更多的实现价值的机会，以最短的时间实现技术资源的研发和创新并最终赢得市场和企业的竞争力，增强企业价值的增值能力。外部的新技术进入企业，被整合、加工和转化，再扩散到企业内部或外部。成果转化，是指研发者（用户）将自己的产品，包括科研成果、发明、创意、方案等，发布到网络平台，待价而沽，供所有愿意购买的创新者挑选。通过这个平台，研发者实现了将自己的成果产业化的目的。因此，网络平台资产不仅自身能为企业带来价值，其产出的应用、软件等的商品化和市场化，满足用户价值，同样为企业带来价值。技术资本越丰富的国家和企业，就越能因创新收益的总量加速增长，因而处于经济持续增长的良性循环行列。

第五节　成 本 规 则

网络平台的成本财务管理也尤为重要。网络平台日常管理也会发生各项成本，如技术维护成本、功能改善提升成本、客户服务成本、风险控制成本，以及日常运营成本等。只有当网络平台所能获取的收益大于其承担的各类成本总和时，网络平台才具有财务可行性。今后，网络平台财务是否能成为主流，取决于网络平台的规模化、成本降低空间以及服务效益的提升。因此，讨论网络平台成本法则的财务规则，就显得很有必要。

企业的各种经济活动，只有先实现了成本补偿，才能以此为基础创造新价值。网络平台，作为信息技术资产，因为现行会计学仍是实物资本和财务资本的投入产出，企业会计难以披露网络平台这个要素资本的流入流出和收益。网络平台效率的提高一部分源于信息技术投资的增大，另外在于大量产业联系密切的企业和个人在虚拟时空集聚，提供各种研发资源，深化了每一个企业都能够充分发挥自身的技术优势，提高应用、软件的产出效率，降低成本。劳顿和迈克尔斯（Lawton and Michaels, 2001）用实证的方法证明了虚拟价值链相比传统价值链更加灵活，其能够降低企业生产成本、提高客户满意度，推动企业价值创造和实现。本杰明和威根（Benjamin and Wigand, 1985）认为，电子商务生态模式能够极大降低商户间的协作成本、渠道成本和交易成本。成本领先优势（包括降低生产成本、外部交易成本等）是虚拟价值链的优势之一（陈容等，2006）。这些文献的研究结论都表明，网络平台资产发挥了巨大的成本驱动作用。就像理论分析那样，字里行间无不隐含着网络平台资产对成本动因形成的作用，显示了网络平台资产通过成本动因对降低成本的巨大贡献。笔者认为，网络平台的成本优势主要体现在四个方面：大量产业联系密切的企业和个人集聚优势导致的生产成本优势、集聚信任机制产生的交易成本优势（尚永胜，2006）、降低合作研发成本优势，以及信息技术本身的成本优势。

第一，大量产业联系密切的企业和个人集聚优势导致的生产成本优势。网络平台的大量产业联系密切的企业和个人集聚优势主要是指全球范围内相关企业和个人在虚拟空间的集中而导致社会分工深化、企业间合作联盟加强，全球 R&D 资源利用效率极大提高，导致网主企业和参与平台的企业和个人的研发平均成本的节约。具体体现在以下四个方面：一是专业化分工提高了生产效率。专业化分工的深化将导致平台内各参与企业或个人之间合作研发的必要性大大增强，特别是当一个行业的技术基础复杂并处于不断发展中，且其专有技术来源于多渠道时，应用、软件等技术资源研发通常不会由单个公司完成，而会在一个技术资本积累的外部网络中实现。网络平台上网主企业和节点企业分工明确，这使得每一个企业都能够充分发挥自身的技术优势，提高生产效率，从而降低成本。二是需求方规模经济。工业经济时代的信息技术企业通常依托强大的技术、渠道和品牌等资源优势，基于供给侧优化的竞争思维，沿着从供给侧向需求侧传递价值。而网络平台，则基于需求侧的竞争思维，立足需求面平台而开展跨界协作，沿着需求侧向供给侧传递价值，并在短短几年内快速成长为高估值企业。三是廉价的专业劳动力。同行业和不同行业的企业纷纷加入网络平台中，共同进行专利产品的商业化和市场化等价值活动。随着科学技术的快速进步和全球产业结构的不断调整，我国创新型科技中小企业得以不断涌现和发展，虽然创新型中小企业规模小、资源少，但却具有极强的开放性、自发性和创造性，在全国科技发展中占据着非常重要的地位。网络平台有效集聚这些企业的创新资源，发挥集群优势，使搭建网络平台企业的研发效率产生强大的"竞争效应"和"追赶效应"，从而实现平台内企业的广泛共赢。网络平台资产分担风险且易于进入新市场或获得新技术资源，加速将专利产品推向市场（Eisenhardt and

Schoonhoven，1996）。以前，公司的研发（R&D）都是在公司内部进行，而通过外部合作进行的只是简单的功能和产品的研发（Nelson，1990）。如今，在许多行业，各公司在生产的各个环节，从开发到分销都通过平台形式进行。根据内生增长理论，网络平台资产如同资本和劳动力一样是一种生产要素，而且是"内生的"。四是聚合经济。一方面，网络平台减少分散布局所需的额外资源投入，从而降低生产成本；另一方面，平台在聚集各利益相关者的同时，必将集聚大量的交易信息，这些信息可以在平台中低成本甚至是免费获得。

第二，集聚信任机制产生的交易成本优势。网络平台上网主企业与参与平台方既竞争又合作、既相互独立又相互依存，网络平台因而塑造了一种新型的社交关系和商业信任体系。黄波和李湛（2005）认为，从竞争走向合作的资产经营模式可以降低企业交易成本。恩得斯特和米勒（Inderst and Mueller，2009）指出，企业嵌入资源获取网络可以缓解企业融资约束和降低交易成本。网络平台上，供给方和需求方在合作和相互信任的基础上成为一体，实现高研发效率、专业化分工和生产适用性的持续研发能力。大量产业联系密切的企业和个人集聚可以克服"牛鞭"效应、厂商平行互动、顾客异质化需求等短板。魏炜等（2012）认为，苹果和Facebook等快速成长企业获得高估值的原因在于其采用了"平台型商业模式"，其本质在于平台用户和开发者、用户和用户、开发者和开发者之间形成的正反馈机制，各利益相关者不仅相互依存，而且还能够相互加强。古拉蒂等（Gulati et al.）提出，创造价值需要构建一个由利益相关者组成的价值生产、分配、转移和使用的关系网络和组织结构。穆索萨米和怀特（Muthusamy and White，2005）提出，相互信任和良好的关系是企业最低治理成本形成的基础，这体现在他们能加快和方便交易的协商和执行。网络平台上，网主企业和节点企业之间的信任使详细规定契约内容或利润分享规则的必要性降低。相互信任的存在使代价很高的防范机会主义机制成为不必要，保证了持续交易关系中的未来预期利益。此外，通过需求方和供给方之间的社交关系和商业信任，网络平台实现了双方分散的资源低成本集聚。

在交易成本理论中，专用性和不确定性、机会主义和有限理性以及非对称信息是主要的影响因素。对非对称信息而言，只有交易频率达到一定程度，才能降低交易信息的不完全性并减少"可占用性准组"。而交易发生的基础是信任和良好关系，交易的高频率更是基于信任和良好关系。科尔曼（Coleman，1988）认为，网络使得信息和资源可以以最短的路径流动，同时增强网络各参与方之间的互动和产生信任，从而产生了更多的资源，降低了交易成本和交易风险，对各参与方行为产生进一步的正向影响。鲍威尔（Powell，1996）认为，企业网络是一种资源配置方式，网络中信任的存在不仅能促进各种资源的流动，而且能降低搜寻成本和谈判费用，因此，交易成本得以大大降低。这主要体现在以下四个方面。首先，信息技术加速了信息的流动，减少了每个环节中的信息交流和搜寻成本。其次，网络平台促进了平台上企业和个人之间的相互了解，容易在相互之间建立有效的信任机制，降低了平台管理的监督成本，有助于形成良好的研发和专利技术交易环境，从而降低交易成本。再次，网络化使得网主企业和用户更容易了解创新者及其发明创造情况，易获得技术和资金的投入，从而提高平台的运行效率，降低了企业的交易成本。最后，网络平台降低了因聚合 R&D 资源所发生的动态交易成本。在新的生产知识出现和学习的情况下，将各种分散的知识汇集起来并加以协调也要发生成本，这就是所谓的动态交易成本（Langlois，1992）。朗洛伊和罗伯森（Langlois and Robertson，1995）认为，网络平台有效降低了动态交易成本。通过正式或者非正式的安排，专家之间可以分享他人的知识、信息和技术资源，因此，他们之间更多的是表现为一种横向而非纵向的协调结构。对接外部的技术创新人士来说，与他人分担创新的成本，将让一个公司扩大其视野，并将新的想法更快的带到市场上。

第三，网络平台能够有效降低企业合作研发成本。网络平台作为合作技术创新参与的主体，会在组织层面与对等的合作伙伴（包括企业和个人）发生联结，这是合作技术创新存在的前提。这一层次的关联活动可以表现为企业之间建立合作技术创新的动因、谈判、决议及后期的执行等，包括合作技术创新最终要达到的成果是什么，两家企业试图通过合作达到什么样的目标以及合作中的资源、责任和利益如何分配等。网络平台就是所有与合作技术创新有关的具体操作的载体。根据科斯（Ronald H. Coase）的交易费用理论，企业合作技术创新的交易成本是合作各方用于策划、签约及履行合同的一种资源支出（李江，2009），包括沟通成本、谈判成本、履约成本、风险成本等，网络平台能够有效地降低上述几项成本的支出。首先，网络平台能够降低沟通成本。合作研发是一个信息交流和知识传递的过程（贾根良等，2003），其中的信息包括合作伙伴的信息、行业及竞争对手的信息、消费者和顾客的信息、政府等相关部门的信息。网络平台一方面能够为企业提供一个以低成本获取信息的渠道，另一方面能够促进合作双方沟通的过程，使合作各方在沟通过程中减少冲突和无效沟通发生的频率，提高沟通效率，降低沟通成本。其次，网络平台能够降低合作企业为签订交易协议而付出的寻找成本、信息成本、商谈成本等谈判成本，网络平台促进合作主体双方的信息交流，并对合作企业间的谈判过程进行规范，从而降低合作障碍，减少谈判成本，并有效地控制企业合作技术创新的总体成本。再次，网络平台可以降低履约成本。履约成本是指合作双方为了防止一方违契约或协议条款而必须付出的代价，它对合作周期的持续具有一定的维持功能，当一方违反契约或条款时，通过支付事前约定的数额对另一方进行相应的补偿，在一定程度上是一方放弃合作而产生的惩罚成本。这种放弃合作的行为存在诸多原因，主要集中于合作双方信息不对称、沟通障碍及缺乏相应的信任。网络平台有利于合作双方协商和交流，这在一定程度上避免了此类问题的产生，有利于建立和谐的合作氛围，从而将履约成本降到最低，最终为企业带来良好信誉的同时降低其合作技术创新的成本。最后，网络平台可以降低风险成本。合作技术创新的风险成本主要由于不确定性产生的：一是技术开发本身成功与否的不确定性；二是合作企业间存在的不确定性。不确定性越高，就难以完成合作的目标，合约的履行也难以得到保障。网络平台在一定程度上能降低技术研发和合作双方存在的不确定性因素，从而降低风险，减少企业的合作技术创新成本，确保企业合作技术创新活动的顺利实施。

　　另外，企业具有丰富的合作经验也能够提升合作技术创新绩效。根据交易费用理论，企业在合作技术创新方面的经验越丰富，其重复交易频率越高，交易成本越低，网络平台中企业与企业、企业与个人、个人与个人间的管理问题越少，合作技术创新的绩效越高（罗炜，2000）。

　　第四，信息技术本身的成本优势。传统理论认为，信息技术（IT）的出现降低了企业的交易成本，提高了企业的竞争优势和顾客满意度，同时也促进了生产率的提高。刑敏等（2008）提出，信息技术特别是互联网技术和移动互联网技术的存在有利于降低交易成本，提高企业绩效。具体的，信息技术主要从以下三个方面来构建企业的成本优势。一是信息技术减少了企业与消费者、原材料供应商之间的环节，并缩短路径距离，从而降低企业的交易成本；二是良好的信息技术系统可以减少企业成品、半成品及其原材料的库存量，降低管理成本；三是信息技术的应用尤其是网络平台（例如电子商务）的迅速发展，使每个用户都能非常方便、快捷、低成本的在网上完成交易全过程，从而大大降低企业的交易成本。网络平台是利用信息技术集合资金、知识、信息、技术等资源于一身的综合体，技术资源转化为技术资本的流程（投入、生产和应用）速度每快一步，中间环节便更契合一些，成本就会更少一些。据估计，一般情况下，新产品拖后 6 个月投放市场，5 年内将会有 17% ~ 35% 的累计收益减少；如果开发投入超过了预算的 50% 以使新产品快速进入市场，那么相同时间收益仅仅减少 4%。

成本规则是使企业的经营活动保持同行业最低成本的财务战略。在战略实施期间，降低生产要素成本是企业经营活动及其管理的第一位工作，是公司通用的财务战略。新经济替代工业经济时代之后，传统的要素资本，例如素质较高的知识工人的形成和精良设备的普遍使用，原材料浪费和消耗成本、直接人工偷懒成本及其设备维修成本等都降低到了极限程度，继续降低的潜力和可能性很小。网络平台所带来的高效率和低成本，赋予了企业极大的研发热情，必将给信息技术产业注入新的活力。网络平台上网主企业和各平台参与企业或个人一起工作带来的协同价值，是竞争对手需要极高成本才能（甚至不可能）模仿的，这本身就是一种成本节约。网络平台同时提供高品质的应用、软件（多种新用户价值融合）和低成本（通过交易结构创新大大降低生产要素的机会成本），有助于企业提升网络化进程以及不断增加市场厚度。

第八章 结论与展望

第一节 主要结论

随着互联网经济对时空约束的突破以及对用户价值的强调，网络平台是对开放式创新的再优化，是信息技术领域中的又一次技术变革，是连接用户和开发者的第三方平台，应用于信息技术产业应用、软件等技术资源研发，充分为虚拟时空技术资源投入、生产和交易全过程提供了一个载体。传统存在于物理时空的技术研发面临巨大挑战，它的不适性开始显现。网络平台资产对企业价值创造和实现的重要作用得到认可，主要表现为：（1）网络平台是信息技术发展下的产物，具有改变交易场所、拓宽交易时间、丰富交易种类、加快交易速度和减少中间环节等优势，因此，能提高研发效率，降低研发成本；（2）采用更为开放的形式，鼓励更多主体积极参与到平台中，共享它们各自拥有的信息、知识、智力等资源，为应用、软件等技术资源的产出贡献更多智慧；（3）是一种破坏性创新，是对原有资源配置和利用方式的再造。网络平台的理论研究还处于探索期，对有关基本界定，学术界和企业界尚缺乏统一认识。本书揭示了网络平台源起与背景，采用理论演绎方法，加之文献研究和实证研究，形成关于网络平台的基本界定，基于此，进一步探讨网络平台如何影响技术资本的质量和数量，进而影响企业价值创造和实现。

互联网经济下，互联互通的网络平台是适应不同环境、技术的产物。在前述分析基础上，结合已有学者的研究成果，本书给出了一个关于网络平台内涵及其价值创造的基本概念界定。网络平台是大型跨国企业以价值创造为目的，通过信息技术有效整合相关产业或非相关产业的中小企业和个人的技术创新成果，搭建起产品需求和供给方高度融合的研发平台。网络平台所能利用、控制的外部资源增多以及内外部关联的增强都有助于企业接触和吸收外部资源，意味着应用、软件等技术资本的积累，将持续放大技术创新的价值。对于参与其中的中小企业和个人而言，网络平台为其提供突破技术上的"瓶颈"提供了可能，一方面海量的外部资源为企业和个人注入了新鲜的技术创新资源；另一方面这些企业和个人可以从平台中获取大量的知识、信息、智力等资源，对其自身的技术创新能力提升具有十分重要的作用。网络平台突破地域、资金和技术创新实力的限制，是一种完全突破性的合作创新，它真正让每一个具有创新思想和能力的企业和个人都能够加入平台，企业在创意形成、技术开发、成果转化三个阶段（罗福凯，2008）都能够共享网络平台中的知识创造和技术方案，不仅缩短了技术成果研发周期，还为企业节省了大量的投入资金和成果推广费用。网络平台，作为信息技术中的产物，是组织获取产品或服务收益的有力载体，为企业和个人提供了天然保护和持续收益。网络平台在这些收益的激励下必将向更高阶段发展。

工业经济时代最有价值的资产是技术资本和资源，互联网时代最有价值的资产是网络平台资产。网络平台资产能够赋予参与群体前所未有的虚拟化技术研发和技术成果扩散能力。搭建网络平台的网主企业能在缩短研发周期、提高研发效率和降低研发成本的同时，突破物理时空和资源到场的硬约束，把软件等技术资源推向更广阔的市场，提高技术资本的积累量，创造更多的企业价值。通过整理文献和现有实例的佐证，具体来看，网络平台的影响和作用主要体现在以下三个方面。

一是网络平台条件已经开始成熟，网络平台正在成为企业技术创新的重要选择。在网络平台上，参与创新的成员数量与创新产品的数量和质量都存在正相关关系。随着创新产品生命周期的缩短，企业对创新速度的要求甚于对创新质量的要求。现在大型跨国企业间技术资源的竞争往往是通过各种途径从企业外部获取技术创新成果，或直接推向市场抑或是在此基础上进行二次开发，以期在最短的时间内赢得市场，占据主动位置。外部技术获取已成为实务界和学术界技术创新领域关注的热点。外部技术获取已成为企业技术战略的重要组成部分,是一种有效的技术创新方式(Zahra et al.,2007; Tsai and Wang,2007)。网络平台通过增强外部技术获取的强度来加速企业技术创新的速度,进而提高技术资本对企业价值创造能力。

二是网络平台使得信息技术产业进入"消费者和供应商主导"(dominated by consumers and suppliers,DCS)的企业经营新时代,并逐步蔓延到其他产业。根据双边市场理论和网络效应,网络平台一边连接需求方(用户),一边连接供给方(开发者),实现了需求方与供给方的实时对接。网络效应增强了用户对平台的黏性,巩固了需求方规模经济,进而带动供给方范围经济的扩张,带来了企业价值创造的全新视角。从这一角度也说明,一旦开发者开发出能够很好地满足用户需求的软件,将会在很短的时间内传播开来,借助平台可以很好地拉近用户和开发者间的距离,使开发者获得更高的收益,尤其是技术资本方面的直接收益。目前,世界上市值最高的苹果公司,其创立的App Store,每年都会吸引众多的开发者将其软件发布到平台中,有的开发者的软件被用户大量下载,为苹果公司提供了大量的收入。

三是网络平台可以独立存在,且是一种新资产。网络平台或将改变技术资源的独占模式,使分散在各行业、各地区的技术资源和技术基础设施融合起来,企业在短时间内可以获得更加丰富的技术研发成果,在降低研发成本的同时,提高研发效率。如美国苹果公司通过App Store,积极激发外界利益相关者的创意、思想或设计,参与到苹果产品和服务的开发和应用中。苹果公司自2008年一直蝉联企业价值榜首,面对强大的竞争对手如谷歌和微软,也没有被市场淘汰,而是继续引领信息技术产业发展。有多家类似企业的成功案例,国外对"平台"的定义、特征等基础概念的研究更多一些,模型的讨论和理解也更为全面和深入。事实证明,在现代市场竞争中,网络平台资产对企业和市场的变化都起着举足轻重的作用(沈骏波,2014)。对市场而言,它能改变市场结构和市场竞争形式。对企业而言,技术资本是无形资本,已成为企业价值创造的源泉,网络平台资产能通过提高技术资本的质量和数量两方面来影响企业的价值创造及其增值能力。本书对网络平台的研究主要呈现出以下三个特点。首先,对网络平台的基础概念、包含要素探讨不多,主要是借鉴国外的应用研究成果。其次,将网络平台资产与企业价值创造这两个看似相互独立的概念联系起来,着重分析网络平台给技术研发带来的变化，企业价值创造能力提升。最后，网络平台本身并不直接创造价值，它是"生产要素（知识、信息、高级人力和货币）的新组合"的载体。

在总结网络平台资产的影响和作用以及分析网平台资产研究呈现三方面特点的基础上，目前网络平台带来的价值有以下五个方面。

一是资源的有效配置，研发效率的大幅度提升。网络平台是开放式创新的再优化，从纵向延伸转为横向扩展，有效利用和配置全球的 R&D 资源，建立起突破物理时空和资源限制的虚拟时空研发平台，采用更加开放、自由、平等、合作的方式，既减少了一些必须在实验室、人才等方面的投资，又降低了研发成本和提高研发效率，对企业价值创造和实现有重要的促进作用。网络平台不仅是对技术成果的创新，也是对技术资源通过投入、生产和交易三阶段转化为技术资本的流程再造，这意味着对各类集聚资源的优化配置，从而实现资源最大化利用，提高资源使用效率。

二是大众创业、万众创新。2015 年，李克强总理在达沃斯论坛中提出"大众创业，万众创新"的政策，这是推动经济发展的一个重要举措。"80后""90 后"创业者的涌现促使我国中小企业创业市场日益活跃，同时信息和知识等资源的快速传播及扩散也表明，企业仅仅依靠自身能力是极难在市场上求得生存和突破的。网络平台为创业者或创业企业寻找合作伙伴、产品创新、获取资源提供新的途径和方式。事实上，网络平台中异质关系越高，创业者和创业企业越有可能在短时间内找到自己需要的合作者或资源，促进企业更多应用、软件等技术资源的研发，这对创新型企业或个人也是巨大的支持力量。

三是塑造一种新型的社交关系和商业信任体系。互联网技术拓宽了信息来源，加速知识的传播及扩散，信息对称的速度在日益加快，不确定性风险降低，消费者变得更加成熟和理性，对产品或服务研发的参与程度高，相互间的互动性很强，用户和市场这两种需求都被聚合起来。科尔曼（1988）认为，网络可以增强网络参与方之间的互动和信任。已往，好的信誉可以给人带来心理上的回报，但今天它会带来经济上的回报。网络平台，因某种分享和交换而相遇、交流，在交流中建立信任的新型人脉关系。在互联网经济下，企业更加在乎自身的信誉和口碑。作为开发者，用户是否会购买和下载一个企业的软件，参考的是该企业过往为其他用户提供服务所获得的评价。

这种完全来自客户端的评价，无法篡改和伪造。开发者若拥有较高的信誉度，在平台中会有更高的排位和曝光率，因而会服务更多的用户。

四是可持续发展的经济价值。网络平台的双边市场和网络效应所带来的经济价值在于买卖双方的交易最终使得边际成本为零。在未来，社会协同与信息技术发展将共同打造零边际成本社会，产品边际成本无限降低、市场价格趋近于零，这是最佳的网络生态效益的发展模式，也是最佳的经济可持续发展模式。以往单个企业创造价值，可能是以损害其他企业利益为代价的结果，但网络平台使企业价值创造不再局限于单个企业本身，也不是整个产业，而是跨越多个产业的价值创造生态系统。在这个生态系统中，一方盈利会积极带动另一方盈利，从而实现网络平台上所有主体的共同盈利。持续的软件产品创新在激烈的市场竞争中得以持续、健康的发展。

五是创造一种更加开放、多元共赢的共享社会。网络平台所带来的另一个积极的社会效应是有助于创造一个更加开放、多元与合作共享的社会。在这样的社会中，网络平台邀请外部用户共同参与技术产品的研发，因此，人们有条件、有能力依靠自己解决更多的问题，满足自己更多的需求。网络平台中，双边的利益关系是共享的，一边获利多了，另一边的获利也不会减少，实现了经济学上所谓的帕累托最优。

第二节 研 究 不 足

网络平台的出现进一步从时间与空间上打破了实体技术市场的诸多限制，提高了技术交易的速度和便利性，是技术资本"量的增长"和"质的提高"的动态过程的载体，这两方面提高的综合表现为技术的价值创造潜力、现实能力和收益率最高，进而实现企业价值增值。网络平台这一新生事物，其资产性质及其价值创造理论尚需严谨推敲、反复验证，因此，本书结论的科学性、可靠性与应用性都有待进一步完善。故本书具有以下四点不足之处。

一是网络平台的理论背景很分散，缺乏统一的概念框架，网络平台的讨论缺乏统一的术语。常见的称谓表述如动态网络、战略网络、合作网络、开放式平台、平台型组织等，尽管这些术语经常是同义的，但它们却指的是不同类型的网络平台。且网络平台本身就是一个动态发展的过程，在不同时期有不同所指。本书提出的这种存在于虚拟时空进行技术产品研发的合作还没有一个统一的术语。

二是网络平台在其运营过程中因"群"而更复杂，不可控因素很多，但本书中并没有关注和研究这方面问题。实践证明，充足的人才、资金、知识等资源只是企业技术研发所需的必要条件而非充分条件。仅仅获取研发资源对企业作用不大，除非是企业能够对集聚的研发资源进行有效吸收、配置和利用，否则将对网络平台的技术成果产出会造成不好的影响。

网络平台可以集聚大量的、分散的、具有创新能力的行业内或行业外的开发者，但这在一定程度上对研发过程的管理提出了更高的要求。海量参与群体不仅对人力资源有了更加严格的研究，对信息、知识、管理等也有更高的要求。例如，应用信息技术，企业的研发活动在网络平台中的时间跨度具有一定的不可控性。网络平台因其涉及范围之广、参与人数之多，从而为筛选出符合用户价值的应用或软件过程提出了挑战。网络平台注重直接吸收外部的技术资本成果，如果网络平台频繁地利用外部技术资本成果，搭建网络平台的网主企业可能需要进行更大范围的筛选活动。那么企业如何识别潜在的有用的外部技术资本成果？如何管理这些技术资本成果？如何进行后续的技术研发以及风险讨论？这些问题在本书中都未进行具体讨论，是本书的不足之处之一。

三是第六章案例分析中，由于资料来源的限制，在案例研究时获取的多是二手资料，可能对研究的全面性以及结论的准确性有一定的影响。同时，虽然在研究时尽量保持中立的立场，但是难以完全消除研究者个人主观的认识，这可能对研究结论造成一定影响。对苹果公司和谷歌公司网络平台的研究仅限于主要的技术创新，网络平台在苹果公司和谷歌公司其他领域的运用需要进一步的研究。网络平台并不仅仅存在于信息技术产业中，但本书仅就信息技术产业中苹果的 App Store 平台和谷歌的 Android 平台进行广泛讨论，缺乏说服力。

四是第五章实证部分本书采用萧等（2012）提出的一个理论模型，并将其应用到网络平台对企业价值的影响和网络平台价值的估计中，其中将网络平台资产设置为虚拟变量，在对一个企业是否具有网络平台资产进行判断时，我们采取的判断标准没有理论支撑，仅是从云创新和共享经济学等著作中得出的启示，且信息搜寻困难。

任何一个理论的提出都需要经过严谨推理、反复验证。笔者的知识结构、研究资历等还远远不够，本书提出的网络平台资产性质及其价值创造理论是否经得起推敲，还需要进一步全面探讨论证。

第三节　研究展望

当今的研究动态表明，将全球化 R&D 和网络平台这两个看似不相关的领域进行整合研究是崭新且具有前景的研究方向。进入 21 世纪互联网经济时代，围绕这一前沿研究方向，不少学者已经注意到网络平台，并陆续在各类顶级的学术期刊上发表研究成果。受益于这些研究成果的引导和启发，笔者揭示了网络平台起源与背景，采用理论演绎方法，加之文献研究、实证研究和案例研究，形成关于网络平台的基本界定，在此基础上，进一步探讨了网络平台如何影响技术资本的质量和数量，进而影响企业价值创造和实现。然而，受限于本人的理论功底、学术造诣、时间和精力等方面的原因，研究中仍然存在争议和有待完善之处，值得我们作进一步的深入研究，主要表现在以下四个方面。

一是基于大量文献阅读和案例研究的基础上，未来研究有必要对网络平台的资产性质进行更为清晰和深入的解释。目前，网络平台研究主要还停留在案例分析层面，尚没有学者对其内涵和性质给出外界一致认可的界定，且多数学者仍将其视为商业模式创新，网络平台的资产性质和特征，就成为财务学理论亟待解释的新课题。

二是未来有必要深入研究网络平台对创新型中小企业及个人产生的作用和影响。网络平台打破了产业间的边界，中小企业和个人只要有研发成果，都可积极参与到平台中，有效帮助这些企业和个人完成战略目标，进而提高生存和发展能力。

创新型中小企业这一提法主要是源于我国的实际情况，国内一些学者对其内涵进行了相关界定。创新型中小企业是指那些有新技术、新产品、新工艺、新流程或新商业模式并以创新为核心的中小规模企业，具有高成长、高科技与新经济、高风险的特征（胡永健等，2008；朱岩梅等，2009）。目前，我国65%的专利、75%以上的技术创新和80%以上的新产品开发都由中小企业完成。在美国，从20世纪70年代起，美国市场中的近50%的技术创新成果都是由中小企业完成的。进入80年代，这个比率上升到70%。中小企业的人均发明为大企业的两倍，中小企业在产品创新、服务创新、工艺创新和管理创新中的贡献分别达到32%、38%、17%和12%。在欧洲国家，技术创新型中小企业具有产权清晰、机制灵活、经营成本低等优势，技术创新能力不断提高，技术创新成果显著，被认为是影响其国家技术进步的重要主体。通过对相关文献的整理研究，笔者发现，对于以技术创新为主导的中小企业而言，其主要受到的影响因素大致可分为四类：第一类是研发投入程度。虽有实证研究已表明投入能力和研发能力是企业技术创新能力的关键影响因素（杨智勇、覃锋，2008），但研发投入的加强涉及高风险，其在增强企业创新能力的同时，可能会减弱中小企业的成长，使得中小企业面临高水平风险。在短时间内，高研发强度的项目可能是有问题需待定的，这导致研发投入的增强对企业的成长是制约因素，而不是促进剂。但是，必要的研发投入对中小企业的技术创新仍至关重要，R&D投入占比程度是目前技术创新能力测度最有代表性的基础参量之一（陈晓红等，2008）。第二类是企业创新环境的投入。企业的规模资产和研发的投入数额作为企业创新的平台对企业技术创新能力的影响也是很大的。企业创新环境投入包括企业的规模、资金投入的硬环境和技术人员软环境的投入，可以将企业创新环境理解为企业为技术创新提供的环境或基础。第三类是专利拥有情况。专利是技术创造和发明的成果，它与企业技术创新能力关系密切。专利数量和质量是企业研发创新能力衡量的指标（Lanjouw and Schankerman，2004）。中南大学中小企业发展研究中心于2011年就提出专利数量越多且质量越好的中小企业，其技术创新能力越强（陈晓红等，2008）。第四类是研发人力资源的投入强度。研发人员作为研发活动中最核心的投入要素，其规模大小不仅反映了企业对研发活动的重视程度，同时也是企业技术创新能力的重要衡量指标，反映了企业的技术创新能力（陈晓红等，2008）。中小企业在进行研发创新项目时，高质量的人力资源和信息技术是影响其研发成功的重要影响因素（Lee，2009）。本书所定义的网络平台可以帮助中小企业有效减轻甚至避免以上四大类影响因素（即投入技术、资金、研发、技术人员）带来的负面作用。创新型中小企业的技术创新活动正在网络平台这个"合适的土壤"上，根繁叶茂，持续生长。

三是未来研究中将深入探讨网络平台的盈利模式。网络平台不仅是信息技术发展的结果，同时也是大型跨国企业进行全球化研发的产物，讨论其盈利模式具有非常重要的现实意义。

网络平台开放源代码，必须有一定的前提。首先，公司必须要能够生存和盈利。其次，公司生存的意义在于为用户创造价值。事实上，在信息技术产业领域的软件开发中，常见的一共有七种盈利模式。盈利模式之一是多种产品线。在这种模式中，平台上的开源软件作为一种直接产生收入的专有软件，并以此来维持或创造一种市场地位。这种盈利模式应用比较普通。盈利模式之二是技术服务型。在这种模式中，开放源代码软件并没有采用面向产品的市场定位，而是采用一种全新的市场地位，针对技术服务，应用服务器完全免费，它的收入来源主要是通过提供技术文档、培训、二次开发支持等技术服务而获得。盈利模式之三是应用服务托管（ASP）。盈利模式之四是软、硬件一体化。盈利模式之五是附属品。盈利模式之六是品牌战略、服务至上。盈利模式之七是市场策略。七种盈利模式各有利弊，采用不同盈利模式的企业，其性质也不同。事实上，一家公司并不局限于采用一种盈利模式，也可能混合采用其中的几种盈利模式。在网络平台的冲击下，很多技术企业都开始认可"软件成为服务"的本质，其中也包括美国苹果公司、谷歌公司和微软公司等。相信会有更多的盈利模式应运而生，也会创造更多更大的价值。因此，探讨网络平台的盈利模式有其必要性和现实意义，也成为未来研究的要点之一。

四是网络平台并不仅仅存在于高新技术产业，它还将在新能源汽车行业里一展身手，这也是未来可能会关注的领域。

汽车行业可能将成为下一个应用网络平台的热点行业。汽车行业的开发生产同相关产业关系密切，是欧美发达国家除高技术产业以外仍牢牢掌握的少数产业之一。从汽车产品的技术特点来看，具有大批量、高效率、专业化、标准化特点，每辆汽车都是当代高新技术的结晶。汽车行业未来的技术研发必然也要走网络平台的模式。网络平台作为一项资产，代表是一个模式的创新，属于整体性的、规模化的创新形式，需要相关的技术与产业的支持，这些条件都与汽车行业本身的特点和条件相吻合。此外，要使新能源汽车获得光明的产业前景，必须加快研发先进成熟技术、大幅度降低生产成本、营造安全便捷的使用环境等，这些都对汽车行业的网络平台的产生起到了铺垫的作用。

参 考 文 献

［1］托马斯·E. 科普兰，J. 弗莱德·威斯顿. 财务理论与公司政策 ［M］. 大连：东北财经大学出版社，2003.

［2］威廉·L. 迈进森. 公司财务理论 ［M］. 大连：东北财经大学出版社，2002.

［3］罗福凯，永胜. 技术资本：战略性新兴产业的核心资本选择 ［J］. 科学管理研究，2012（2）：33 - 36.

［4］罗福凯. 要素资本平衡表：一种新的内部资产负债表 ［J］. 中国工业经济，2010（2）：89 - 99.

［5］罗福凯. 论技术资本：社会经济的第四种资本 ［J］. 山东大学学报（哲学社会科学版），2014（1）：63 - 73.

［6］罗福凯，李鹏. 论要素资本理论中的技术、信息和知识 ［J］. 东方论坛，2008（5）.

［7］罗福凯. 资本理论的内在逻辑与中国企业的投资选择 ［A］. 罗福凯. 财务学的边界 ［M］. 北京：经济管理出版社，2010：86 - 88.

［8］罗福凯. 论要素资本 ［J］. 财经理论与实践，2009（1）.

［9］罗福凯，张明波. 互联网企业财务特征分析 ［J］. 财会通讯，2015（4）：48 - 50.

［10］罗福凯. 通货紧缩财务问题研究 ［J］. 会计研究，2002（4）：38 - 41.

［11］罗福凯，孙菁. 美国技术资本研究文献述评：2000 ~ 2015 ［J］. 科学管理研究，2016（2）：104 - 107.

［12］罗福凯，孙菁. 国外技术资本理论的兴起与发展 ［J］. 经济纵横，2016（2）：123 - 128.

[13] 罗福凯. 要素资本、价值函数与财务效率 [J]. 中国海洋大学学报（社会科学版），2003（1）：30 – 33.

[14] 罗福凯. 公司财务周期分析 [D]. 成都：西南财经大学，2003.

[15] 罗福凯. 论公司财务的价值创造功能 [J]. 财会通讯，2004（8）：3 – 8.

[16] 刘锦辉. 公司的要素资本与时间成本 [J]. 苏州大学学报（哲学社会科学版），2007（5）：26 – 28.

[17] 汤湘希，贡峻. 无形资产对企业的价值贡献及其评价 [J]. 湖北财税，2002（12）：7 – 9.

[18] 茅宁. 无形资产在企业价值创造中的作用与机理分析 [J]. 外国经济与管理，2001（7）.

[19] 丽华，米加宁. 跨国公司与技术的资本化 [J]. 哈尔滨工业大学学报（社会科学版），2000（1）.

[20] 许秀梅. 技术资本对企业价值的影响机理探究——来自于全样本与不同地域、性质企业样本的分类比较 [J]. 山西财经大学学报，2014（6）.

[21] 许秀梅. 环境规制、技术资本与企业价值 [J]. 现代财经—天津财经大学学报，2015（9）：102 – 113.

[22] 许秀梅. 平台财务：财务学的新分支 [J]. 改革与战略，2015（6）：91 – 93.

[23] 许秀梅. 互联网企业异质要素资本配置分析 [J]. 商业经济研究，2015（14）：61 – 62.

[24] 许秀梅. 技术资本、人力资本与企业价值——异质性视角的微观检验 [J]. 山西财经大学学报，2016（4）：13 – 24.

[25] 许秀梅. 国内外技术资本理论研究回顾与展望 [J]. 科技管理研究，2016，36（10）：125 – 128.

[26] 许秀梅，金贞姬. 西方技术资本理论发展评述 [J]. 科技管理研究，2015（15）：185 – 189.

[27] 许秀梅. TMT 异质性对技术资本的影响机理探究——以民营高新技术企业为例 [J]. 财会月刊，2015（26）.

[28] 许秀梅. 技术资本与企业价值——基于人力资本与行业特征的双重调节 [J]. 科学学与科学技术管理, 2015, 36 (8): 150 - 159.

[29] 葛秋萍. 知识资本的虚拟价值现实化研究 [D]. 北京: 清华大学, 2005.

[30] 王怀庭. 技术资本参与公司治理及其管理创新研究 [D]. 济南: 中国海洋大学, 2014.

[31] 丁冰. 舒尔茨 "人力资本" 论的意义与马克思资本理论的比较 [J]. 山东社会科学, 2008 (7).

[32] 丁振华. 高技术企业的产品平台评价与开发研究 [D]. 沈阳: 大连理工大学, 2009.

[33] 张宗臣, 苏敬勤. 技术平台及其在企业核心能力理论中的地位 [J]. 科研管理, 2001, 22 (6): 76 - 81.

[34] 胡树华, 汪秀婷. 产品创新平台的理论研究与实证分析——PNGV 案例研究 [J]. 科研管理, 2003, 24 (5): 8 - 13.

[35] 张华胜, 薛澜. 技术创新管理新范式: 集成创新 [J]. 中国软科学, 2002 (12): 6 - 22.

[36] 侯鸿翔. 基于产品平台的协同产品开发研究 [D]. 天津: 天津大学, 2003.

[37] 王毅, 范保群. 新产品开发中的动态平台战略 [J]. 科研管理, 2004, 25 (4): 97 - 103.

[38] 王毅, 毛义华, 陈劲, 等. 新产品开发管理新范式: 基于核心能力的平台方法 [J]. 科研管理, 1999, 20 (5): 6 - 12.

[39] 罗璟, 庄永耀, 李力. 先进制造模式环境下产品开发核心能力的培育 [J]. 昆明理工大学学报 (自然科学版), 2004, 29 (1): 61 - 64.

[40] 邱栋, 吴秋明. 科技创新平台的跨平台资源集成研究 [J]. 自然辩证法研究, 2015 (4): 99 - 104.

[41] 吴淑娥, 黄振雷, 邹洁, 等. 平台型经济: 理论视角与移动互联网产业实践中的探索 [J]. 管理现代化, 2015, 35 (5): 127 - 129.

[42] 张传洲. 分享经济的现实演进及其发展逻辑 [J]. 技术经济与管理研究, 2016 (6): 98 - 102.

[43] 周志太. 基于经济学视角的协同创新网络研究 [D]. 长春：吉林大学，2013.

[44] 傅家骥，雷家骕，程源. 技术经济学前沿问题 [M]. 北京：经济科学出版社，2003.

[45] 霍明，郭伟，邵宏宇. 信息技术投资对我国制造企业技术效率影响的区域差异分析——基于面板数据随机前沿分析方法的实证研究 [J]. 科技进步与对策，2012，29（1）：32-38.

[46] 张之光，蔡建峰. 信息技术资本、替代性与中国经济增长——基于局部调整模型的分析 [J]. 数量经济技术经济研究，2012（9）：71-81.

[47] 李治堂，吴贵生. 信息技术投资与公司绩效：基于中国上市公司的实证研究 [J]. 科学学与科学技术管理，2008，29（11）：144-150.

[48] 李治堂. 基于互补性理论的信息技术投资绩效研究 [J]. 科研管理，2009，30（1）：8-14.

[49] 卢林. 互联网、大数据和云技术的发展与美国经济 [J]. 国际关系研究，2014（4）.

[50] 汪丁丁. 知识沿时间和空间的互补性以及相关的经济学 [J]. 经济研究，1997（6）.

[51] 李娜，李建华，于晓红. 技术创新能力与企业价值——一个研究综述 [J]. 中国管理信息化，2010，13（10）：96-97.

[52] 方丽，胡祖光. 技术要素按贡献参与收益分配量化方案深化研究 [J]. 经济研究，2010（4）.

[53] 吴宣恭. 产权、价值与分配的关系 [J]. 当代经济研究，2002（2）.

[54] 徐幼民. 技术进步条件下的资本理论 [J]. 东岳论丛，2005（1）.

[55] 陈柳钦. 专业化分工理论与产业集群的演进 [J]. 北华大学学报（社会科学版），2007（4）.

[56] 刘洪伟，等. 知识与信息：学习成本与交易成本 [J]. 技术经济，2009（9）.

[57] 王伟光，李征. 技术资本价值增值效应：基本内涵、关键因素与政策取向 [J]. 经济管理，2007（24）.

[58] 林毅夫，任若恩．东亚经济增长模式相关争论的再探讨 [J]．经济研究，2007 (8)．

[59] 林毅夫，潘士远．技术进步越快越好吗？[J]．中国工业经济，2005 (10)．

[60] 吕冰洋，蔡志洲．技术进步、结构变动与改善国民经济中间消耗 [J]．经济研究，2008 (4)．

[61] 熊彼特．经济发展理论——对于利润、资本、信贷、利息和经济周期的考察 [M]．北京：商务印书馆，1990．

[62] 刘广珠，罗福凯．财务资本、价值和要素资本结构研究 [J]．华东经济管理，2009 (6)：93 - 98．

[63] 郎咸平．中国最大的问题是生产力低下 [J]．IT 时代周刊，2014 (5)：16．

[64] 荆德刚，张东明．惯例——对企业核心竞争力的另类思考 [J]．河南工业大学学报（社会科学版），2005 (3)：123 - 127．

[65] 周其仁．市场里的企业：一个人力资本与非人力资本的特别合约 [J]．经济研究，1996 (6)：71 - 79．

[66] 李爽，赵龙，于健．辽宁装备制造企业的财务竞争力评价——以沈阳机床为例 [J]．沈阳大学学报（社会科学版），2013 (6)：285 - 289．

[67] 南星恒．智力资本的价值创造及其协同管理效应度量模型构建 [J]．中国科技论坛，2012 (10)：118 - 123．

[68] 郝晓彤，何岗．论企业智力资本的价值创造 [J]．科学学与科学技术管理，2006 (5)：153 - 156．

[69] 李晓晶．中国企业的愿景管理 [J]．管理科学文摘，2005 (2)：24 - 25．

[70] 邓颖．战略资本配置与企业发展研究 [D]．青岛：中国海洋大学，2012．

[71] 曹兴，张云，张伟．战略性新兴产业自主技术创新能力形成的动力体系 [J]．系统工程，2013 (7)：78 - 86．

[72] 向浩，王欣．论财务视角下的人力资本、组织资本 [J]．财经科学，2009 (7)：118 - 124．

[73] 张茉楠，李汉玲．基于人事资源观的企业家创造性决策研究 [J].
中国软科学，2005（8）：113 – 120.

[74] 郭骁．上市公司可持续发展路径依赖的形成机理研究 [J]．济南
大学学报（社会科学版），2010（2）：62 – 68.

[75] 苏中锋，孙燕．不良竞争环境中管理创新和技术创新对企业绩效
的影响研究 [J]．科学学与科学技术管理，2014（6）：110 – 118.

[76] 刘亚军，陈国旭．对资源基础理论的再认识 [J]．科技管理研究，
2008（11）：167 – 170.

[77] 魏江．企业技术能力：增长过程、机理与模式 [D]．杭州：浙江
大学，1997.

[78] 杨小凯，张永生．新兴古典经济学与超边际分析 [M]．北京：社
会科学文献出版社，2004.

[79] 陈威如，余卓轩．平台战略——正在席卷全球的商业模式革命
[M]．北京：中信出版社，2013.

[80] 尹美群．价值链与价值评估 [M]．北京：中国人民大学出版社，
2008.

[81] 陈硕颖．资本主义新型生产组织方式——模块化生产网络研究
[M]．北京：中国社会出版社，2011.

[82] 徐晋．平台经济学——平台竞争的理论与实践 [M]．上海：上海
交通大学出版社，2007.

[83] 吴光宗．现代技术革命和当代社会 [M]．北京：北京航空航天大
学出版社，1991.

[84] 杨小凯，黄有光著，张玉纲译．专业化与经济组织——一种新兴
古典微观经济学框架 [M]．北京：经济科学出版社，1999.

[85] 盛亚，等．企业技术创新管理：利益相关者方法 [M]．北京：光
明日报出版社，2009.

[86] 程立茹．互联网经济下企业价值网络创新研究 [J]．中国经济学，
2013（9）.

[87] 邵红霞，方军雄．我国上市公司无形资产价值相关性研究 [J].
会计研究，2006（12）.

[88] 王化成，陆正飞，宋献中．当代财务管理主流 ［M］．大连：东北财经大学出版社，2005．

[89] 郭复初．现代财务理论研究 ［M］．北京：经济科学出版社，2000．

[90] 黄宗远．企业创新关系的治理机制与产业技术特征关系研究 ［J］．北京交通大学学报（社会科学版），2006（9）．

[91] 曹岸，杨德林，张庆峰．技术属性和合作企业耦合性对技术导入绩效的影响 ［J］．中国科技论坛，2003（4）．

[92] 高建，魏平．新兴技术的特征与企业技术的选择 ［J］．科研管理，2007（1）．

[93] 徐光伟．生产要素理论的比较、批判与建构 ［J］．科研管理，2007（1）．

[94] 李宏伟．"技术锁定"与"技术解锁"研究：技术体制的视角 ［J］．中国软科学，2013（4）．

[95] 陈刚．技术资本、要素资本结构与企业发展 ［D］．济南：中国海洋大学，2011．

[96] 胡宏力．电子商务与国际贸易 ［J］．第四届中国国际电子商务大会论文集，2011．

[97] 张学勇．基于亚式期权的贷款定价研究——来自中国的经验证据和理论模型 ［J］．金融研究，2009．

[98] 金杨华，潘建林．基于嵌入式开放创新的平台领导与用户创业协同模式——淘宝网案例研究 ［J］．中国工业经济，2014（2）：148－160．

[99] 王询．论企业与市场间的不同形态 ［J］．经济研究，1998，7：34－40．

[100] 李海舰．企业的竞争优势来源及其战略选择 ［J］．中国工业经济，2002，9：5－13．

[101] 王伟．给予企业基因重组理论的价值网络构建研究 ［J］．中国工业经济，2005，2：58－65．

[102] 袁龙龙．企业无形资本运营分析 ［J］．财务与会计，2012，4：21－23．

［103］袁龙龙．企业技术资产与员工数量的相关性分析——来自战略新兴产业的公司财务数据［J］．中国会计研究与教育，2013，7（1）：19-37.

［104］张彤玉，丁国杰．技术进步与产业组织变迁［J］．经济社会体制比较，2006，3：77-82.

［105］王伯鲁．技术困境及其超越［M］．北京：中国社会科学出版社，2011.

［106］刘贵生．论产权结构与财务主体［J］．会计研究，1995，6：20-21.

［107］耿帅．共享性资源与集群企业竞争优势的关联性分析［J］．管理世界，2005（11）.

［108］徐鸣雷．基于企业价值的财务战略管理研究［D］．沈阳：大连理工大学，2004.

［109］田亮．企业动态联盟中的战略成本管理［J］．昆明理工大学学报，2006（9）.

［110］蓝海林，蒋峦，谢卫红．中小企业集群战略研究［J］．中国软科学，2002（11）.

［111］魏守华，赵雅沁．企业集群的竞争优势探究［J］．财经问题研究，2002（5）.

［112］符正平．论企业集群的产生条件和形成机制［J］．中国工业经济，2002（10）.

［113］冯巧根．基于企业集群的成本管理初探［J］．中央财经大学学报，2004（7）.

［114］王缉慈．创新及其相关概念的跟踪观察［J］．中国软科学，2002（12）：30-34.

［115］陈雅兰．原始性创新的理论与实证研究［D］．武汉：武汉理工大学，2005.

［116］操龙灿．企业自主创新体系与模式研究［D］．安徽：合肥工业大学，2006.

［117］杨武，王玲．基于专利权界定下的技术创新分类与产权关系研

究 [J]. 科学学与科学技术管理，2005 (7).

[118] 华斌. 我国自主创新能力研究理论综述 [J]. 重庆工商大学学报（西部论坛），2007 (3).

[119] 张米尔，田丹. 从引进到集成：技术能力成长路径转变研究——"天花板"效应与中国企业的应对策略 [J]. 公共管理学报，2008 (1).

[120] 陈劲. 集成创新的理论模式 [J]. 中国软科学，2002 (12)：23 - 30.

[121] 余志良，张平，区毅勇. 技术整合的概念、作用与过程管理 [J]. 科学学与科学技术管理，2003 (3)：38 - 40.

[122] 陈威如，余卓轩. 平台战略：正在席卷全球的商业模式革命 [M]. 北京：中信出版社，2014.

[123] 李善友. 产品型社群：互联网思维的本质 [M]. 北京：机械工业出版社，2015.

[124] 贾子健. 卡兰尼克和他创造的 Uber [J]. 三联生活周刊，2015 (29)：42 - 44.

[125] 龚敏卿，肖岳峰. 开放式创新研究综述 [J]. 科学管理研究，2011 (8).

[126] 洪晓军. 创新平台的概念甄别与构建策略 [J]. 科技进步与对策，2008 (7).

[127] 秦远见，连鸿闯，王成昌. IBM 整合全球创新资源 [J]. 企业研究，2008 (1).

[128] 陈劲，陈钰芬. 开放创新体系与企业技术创新资源配置 [J]. 科研管理，2006 (3).

[129] 任丽梅，黄斌. 云创新——21 世纪的创新模式 [M]. 北京：中共中央党校出版社，2010.

[130] 刘建兵，柳御林. 企业研究与开发的外部化对中国的启示 [J]. 科学学研究，2015 (23).

[131] [美] 梅丽莎·A. 希林著，谢伟，王毅译. 技术创新的战略管理 [M]. 北京：清华大学出版社，2005.

[132] 陈衍泰，宁钟，司春林. 集成外部创新资源的自主创新行为模

式——江浙沪闽241家企业的实证研究［J］. 经济管理，2006（17）：11 –
15.

　　［133］罗珉，曾涛，周思伟. 企业商业模式创新：基于租金理论的解
释［J］. 中国工业经济，2005（7）：73 – 81.

　　［134］吴国林. 区域技术创新平台研究——大涌红木家具专业镇的技
术创新平台建设［J］. 科技进步与对策，2005（1）：162.

　　［135］李伟华. 互联网企业商业模式比较研究［D］. 石家庄：河北工
业大学，2014.

　　［136］邓丰庆. 技术资本与企业核心竞争力的关系探讨［J］. 现代经济
信息，2013（15）.

　　［137］王睢. 开放式创新下的占有制度：基于知识产权的探讨［J］. 科
研管理，2010，31（1）：153 – 159.

　　［138］周红根，罗福凯，赵海燕. 融资约束、公司治理与技术资本配
置——来自中国高端装备制造业上市公司经验证据［J］. 科技管理研究，
2015，35（19）：220 – 228.

　　［139］张洁，戚安邦，熊琴琴. 吸收能力形成的前因变量及其对企业
创新绩效的影响分析——吸收能力作为中介变量的实证研究［J］. 科学学与
科学技术管理，2012，33（5）：29 – 37.

　　［140］解学梅，左蕾蕾. 企业协同创新网络特征与创新绩效：基于知
识吸收能力的中介效应研究［J］. 南开管理评论，2013，16（3）：47 – 56.

　　［141］孟丁，唐国华. 技术创新战略开放度对企业技术创新绩效影响
的实证研究［J］. 研究与发展管理，2013，25（6）：34 – 46.

　　［142］涂锐. 从腾讯游戏看网络游戏差异化竞争策略［J］. 东南传播，
2009（9）：52 – 54.

　　［143］戴天婧，张茹，汤谷良. 财务战略驱动企业盈利模式——美国
苹果公司轻资产模式案例研究［J］. 会计研究，2012（11）：23 – 32.

　　［144］毛立云. 公共平台的价值共创模式及其竞争优势［J］. 企业管
理，2015（5）：119 – 121.

　　［145］陈飞，岳欣. 苹果差异化发展策略的网络经济学分析［C］. 中
国通信学会通信管理委员会第29次学术研讨会，2011.

[146] 魏炜，胡勇，朱武祥．变革性高速成长公司的商业模式创新奇迹——一个多案例研究的发现 [J]．管理评论，2015，27 (7)：218－231.

[147] 郭敬伟．电子商务企业财务问题研究 [J]．经营管理者，2015 (33).

[148] 张鹏，王欣．平台商业模式演化的理论分析——基于平台组织理论视角 [J]．西部财会，2015 (7)：75－78.

[149] 朱文隆．试论技术创新与制度创新相结合 [J]．经济师，2011 (8).

[150] 王圆圆，周明，袁泽沛．封闭式创新与开放式创新：原则比较与案例分析 [J]．当代经济管理，2008，30 (11)：39－42.

[151] 刘江鹏．企业成长的双元模型：平台增长及其内在机理 [J]．中国工业经济，2015 (6)：148－160.

[152] 潘旭明．中间组织价值创造机制研究 [D]．成都：西南财经大学，2008.

[153] 周鹏．标准化、网络效应以及企业组织的演进 [D]．大连：东北财经大学，2003.

[154] 张漪，彭哲．基于企业规模的专利活动与企业绩效比较研究——对深圳制造业的实证分析 [J]．软科学，2016，30 (2)：65－68.

[155] 窦廷银，郭德明．信息技术对企业竞争优势的影响 [J]．当代经济，2007 (16)：28－29.

[156] 高东娟．基于实现信息技术的企业竞争优势 [J]．科技管理研究，2010，30 (4)：118－120.

[157] 姚文韵．基于企业价值可持续增长的财务战略研究 [D]．南京：南京林业大学，2008.

[158] 沈骏波．关于网络外部性影响的研究文献综述 [J]．经济研究导刊，2014 (12)：269－270.

[159] 陈晓红，李喜华，曹裕．中小企业技术创新与成长性关系研究——基于我国中小企业板上市公司的实证分析 [C]．2008.

[160] 杨智勇，覃锋．企业技术创新能力的评价模型 [J]．统计与决策，2008 (7)：35－37.

[161] 陈晓红,马鸿烈. 中小企业技术创新对成长性影响——科技型企业不同于非科技型企业?[J]. 科学学研究,2012,30(11):1749-1760.

[162] 李四聪,马骥."经济新常态"下民营经济技术创新的机理与战略思考 [J]. 邵阳学院学报(社会科学版),2015,14(3):67-71.

[163] 商淑秀,张再生. 基于社会资本视角的虚拟企业知识共享 [J]. 中国软科学,2013(11):101-111.

[164] 戴万稳,岳林凯. 后危机时代的商业模式创新——《哈佛商业评论》2011年第1期"重塑商业模式"专题综述 [J]. 管理学家(学术版),2011(3):72-79.

[165] 王宇峰. 知识集聚与不确定环境下企业技术创新的组织模式研究 [D]. 杭州:浙江大学,2012.

[166] 辛晴. 知识网络对企业创新的影响 [D]. 济南:山东大学,2011.

[167] 杨林. 无形资产价值创造研究 [D]. 成都:西南财经大学,2014.

[168] 孙月平,许善明,张微. 国外促进中小企业技术创新的经验及其对南京的启示 [J]. 南京社会科学,2005(s1).

[169] 高顺东,肖洪钧,姜照华. 国际化的全产业链创新网络:以移动产业链为例 [J]. 科学学与科学技术管理,2012,33(9):28-35.

[170] 陈言平. 基于虚拟创新网络平台的企业自主产品研发资源整合模式研究 [J]. 科技创业月刊,2008(12):166-167.

[171] 陈言平. 企业自主产品研发的资源整合研究 [D]. 武汉:武汉理工大学,2009.

[172] 王永,杨丽,何涵韬. 手机应用程序商店发展探析 [J]. 数字通信,2010,37(3):55-59.

[173] 潘旭明. 中间组织价值创造机制研究 [D]. 成都:西南财经大学,2008.

[174] 张一进,张金松. 互联网行业平台企业发展战略研究——以淘宝网平台为例 [J]. 华东经济管理,2016,30(6):54-61.

[175] 李允尧,刘海运,黄少坚. 平台经济理论研究动态 [J]. 经济学

动态，2013（7）：123 – 129.

［176］托马斯·艾森曼，杰弗里·帕克，马歇尔·范阿尔斯蒂尼，等. 双边市场中的企业战略［J］. 哈佛商业评论，2008（5）：124 – 136.

［177］2004 年汽车行业报告［J/OL］.［2012 – 8 – 2］. http：//www. docin. com.

［178］Armstrong, M. Competition in two-sided markets［J］. Rand Journal of Economics, 2006, 37（3）：669 – 691.

［179］Amit R, Zott C. Creating Value through Business Model Innovation ［J］. Mit Sloan Management Review, 2012, 53（3）：41 – 49.

［180］Anderson C. The Long Tail：How Endless Choice Is Creating Unlimited Demand［J］. How Endless Choice Is Creating Unlimited Demand, 2006.

［181］Anderson C. The Long Tail：Why the Future of Business is Selling Less of More［J］. Hyperion, 2006, 24（3）：274 – 276.

［182］Alchian, Armen A. , and Harold Demsetz. Production, Information Costs, and Economic Organization ［J］. American Economic Review, 1972, 62 （5）：777 – 795.

［183］Ayres C E. The Role of Technology in Economic Theory ［J］. American Economic Review, 1953, 43（2）：279 – 287.

［184］Birke D, Swann G M P. Network effects and the choice of mobile phone operator ［J］. Journal of Evolutionary Economics, 2006, 16（1 – 2）：65 – 84.

［185］Bresnahan T, Davis J P, Yin P L. Economic Value Creation in Mobile Applications ［J］. Social Science Electronic Publishing, 2014.

［186］Bai C E, Li Q, Ouyang M. Property taxes and home prices：A tale of two cities ［J］. Journal of Econometrics, 2014, 180（1）：1 – 15.

［187］Bai J, Ng S. Determining the Number of Factors in Approximate Factor Models ［J］. Econometrica, 2002, 70（1）：191 – 221.

［188］Campbell – Kelly M, Garcia – Swartz D D. From Mainframes to Smartphones：A History of the International Computer Industry ［M］. Harvard University Press, 2015.

[189] Campbell – Kelly M, Garcia – Swartz D, Lam R, et al. Economic and business perspectives on smartphones as multi-sided platforms [J]. Telecommunications Policy, 2015, 39 (8): 717 – 734.

[190] Cecere G, Corrocher N, Battaglia R D. Innovation and competition in the smartphone industry: Is there a dominant design? [J]. Telecommunications Policy, 2015, 39 (3 – 4): 162 – 175.

[191] Berndt E R. Faster, smaller, cheaper: an hedonic price analysis of PDAs [J]. Nber Working Papers, 2008, 40 (22): 2839 – 2856.

[192] Caselli F, Feyrer J. The Marginal Product of Capital [J]. Quarterly Journal of Economics, 2007, 122 (2): 535 – 568.

[193] Chesbrough H W. Open Innovation: The New Imperative for Creating and Profiting from Technology [M]. 2003.

[194] Chesbrough H W. Open Business Models: How To Thrive In The New Innovation Landscape [J]. Journal of Product Innovation Management, 2007, 17 (4): 406 – 408.

[195] Chesbrough H. The Case for Open Services Innovation: The Commodity Trap [J]. California Management Review, 2011, 53 (53): 5 – 20.

[196] Chesbrough H W, Appleyard M M. Open Innovation and Strategy [J]. California Management Review, 2007, 50 (1): 57.

[197] Cooke P. Regionally asymmetric knowledge capabilities and open innovation: Exploring "Globalisation 2" —A new model of industry organisation [J]. Research Policy, 2005, 34 (8): 1128 – 1149.

[198] Cobb C W, Douglas P H. A Theory of Production [J]. American Economic Review, 1928, 18 (1): 139 – 165.

[199] Pablos P O D. Evidence of intellectual capital measurement, from Asia, Europe and, the Middle East [J]. Journal of Intellectual Capital, 1930, 3 (3): 287 – 302.

[200] Davis J P, Chhabra Y, Yin P L. Experimentation Strategies and Entrepreneurial Innovation: Inherited Market Differences in the iPhone Ecosystem [J]. Ssrn Electronic Journal, 2014.

［201］ Dickey D A, Fuller W A. Distribution of the Estimators for Autoregressive Time Series With a Unit Root ［J］. Journal of the American Statistical Association, 1979, 74 (366): 427 – 431.

［202］ Doganoglu T, Grzybowski L. Estimating network effects in mobile telephony in Germany ［J］. Information Economics & Policy, 2007, 19 (1): 65 – 79.

［203］ Dulberger E R. The application of an hedonic model to a quality adjusted index for computer processors ［C］. Jorgenson & Landau Eds, Technology & Capital Formation, 2010.

［204］ Diamond P A. National Debt in a Neoclassical Growth Model ［J］. American Economic Review, 1965, 55 (5): 1126 – 1150.

［205］ Economides N. The economics of networks ［J］. International Journal of Industrial Organization, 1996, 14 (6): 673 – 699.

［206］ Enders W. Applied Econometric Time Series, 3rd Edition ［J］. 2010.

［207］ Evans D S. The Antitrust Economics of Multi – Sided Platform Markets ［J］. Yale Journal on Regulation, 2003, 20 (2).

［208］ Farrell, J., & Klemperer, P. Coordination and lock-in: Competition with switching costs and network effects. In M. Armstrong, & R. Porter (Eds.). Handbook of industrial organization, Vol. 3 (pp. 1967 – 2072). New York: Elsevier, 2007.

［209］ Fan Y, Li Q. Root-n-consistent estimation of partially linear time series models ［J］. Journal of Nonparametric Statistics, 1999, 11 (1 – 3): 251 – 269.

［210］ Franke N, Piller F. Value Creation by Toolkits for User Innovation and Design: The Case of the Watch Market ［J］. Journal of Product Innovation Management, 2010, 21 (6): 401 – 415.

［211］ Gandal N. Hedonic Price Indexes for Spreadsheets and an Empirical Test for Network Externalities ［J］. Rand Journal of Economics, 1994, 25 (1): 160 – 170.

［212］ Gandal N, Greenstein S, Salant D. Adoptions and Orphans in the

Early Microcomputer Market［J］. Journal of Industrial Economics，2010，47
（1）：87 – 105.

［213］Gandal N，Kende M，Rob R. The Dynamics of Technological Adop-
tion in Hardware/Software Systems［J］. Rand Journal of Economics，1999，31
（1）：43 – 61.

［214］Goolsbee A，Klenow P J. Evidence on Learning and Network Exter-
nalities in the Diffusion of Home Computers［J］. Nber Working Papers，2002，
45（2）：317 – 343.

［215］Gowrisankaran G，Stavins J. Network Externalities and Technology
Adoption：Lessons from Electronic Payments［J］. Rand Journal of Economics，
2004，35（2）：260 – 276.

［216］Hobijn B，Jovanovic B. The Information Technology Revolution and
the Stock Market：Evidence［J］. American Economic Review，2001，91（5）：
116 – 122.

［217］Stadler G W. Business Cycle Models with Endogenous Technology
［J］. American Economic Review，1990，80（4）：763 – 778.

［218］Hagiu，A.，& Wright，J. Multi-sided platforms. Harvard business
school working paper 15 – 37，2015.

［219］Hsiao，C.，Ching，H. S.，& Wand，S. K. A panel data approach
for program evaluation：Measuring the benefits of political and economic integra-
ting of Hong Kong with mainland China［J］. Journal of Apple Econometrics，
2012，27（5）：705 – 740.

［220］Henkel J，Hippel E V. Welfare Implications of User Innovation［J］.
Journal of Technology Transfer，2004，30（1 – 2）：73 – 87.

［221］Herbrich R，Keilbach M，Graepel T，et al. Neural Networks in Eco-
nomics［J］. 1999，11：169 – 196.

［222］Li，J. Research on the mechanism of hi-tech enterprises' open inno-
vation on the basis of knowledge chain. IEEE International Conference on Ad-
vanced Management Science（ICAMS，2010）.

［223］Lane S J. The Determinants of Investment in New Technology［J］.

American Economic Review, 1991, 81 (2): 262 – 265.

[224] Johansen, S. Statistical analysis of cointegrating vectors [J]. Journal of Economic Dynamics and Control, 1998, 12: 231 – 245.

[225] Jacqueline Estades, Shyama V. Ramani. Technological competence and the influence of networks: a comparative analysis of new biotechnology firms in france and britain [J]. Technology Analysis & Strategic Management, 1998, 10 (4): 483 – 495.

[226] Johansen S, Juselius K. Maximum Likelihood Estimation and Inference on Cointegration—with Applications to the Demand for Money. Oxford Bulletin of Economics and Statistics 52, 169 – 210 (1990). (With K. Juselius) [J]. Oxford Bulletin of Economics & Statistics, 2010, 52 (2): 169 – 210.

[227] Jeon B. A Perspective of Domestic Appstores Compared with Global Appstores [M] // Advanced Communication and Networking. Springer Berlin Heidelberg, 2011: 271 – 277.

[228] Jorgenson D W. Capital Theory and Investment Behavior [J]. American Economic Review, 1963, 53 (2): 247 – 259.

[229] Kenney M, Pon B. Structuring the Smartphone Industry: Is the Mobile Internet OS Platform the Key? [J]. Journal of Industry Competition & Trade, 2011, 11 (3): 239 – 261.

[230] Kim H S, Kwon N. The advantage of network size in acquiring new subscribers: a conditional logit analysis of the Korean mobile telephony market [J]. Information Economics & Policy, 2003, 15 (1): 17 – 33.

[231] Ller R M, Kijl B, rn, et al. A Comparison of Inter – Organizational Business Models of Mobile App Stores: There is more than Open vs. Closed [J]. Journal of Theoretical & Applied Electronic Commerce Research, 2011, 6 (2): 63 – 76.

[232] Majumdar S K, Venkataraman S. Network effects and the adoption of new technology: evidence from the U. S. telecommunications industry [J]. Strategic Management Journal, 1998, 19 (11): 1045 – 1062.

[233] Mcgrattan E R, Prescott E C. Openness, technology capital, and

development ［J］. Journal of Economic Theory, 2009, 144 (6): 2454 – 2476.

［234］ Mcgrattan E R, Prescott E C. Technology Capital and the US Current Account ［J］. American Economic Review, 2010, 100 (4): 1493 – 1522.

［235］ Matt & Jim. The Impact of technology investments on a firm's production efficiency, product quality, and productivity. Journal of Management Information Systems, 2001, 18 (2): 17 – 45.

［236］ Maldifassi J O, Rodriguez M A. The impact of technology assets on small firms' productivity: empirical findings in Chile ［J］. International Journal of Business Performance Management, 2013, 7 (2).

［237］ Marek, K.. How Important Is Technology Capital for the United State-s? ［J］. American Economic Journal, 2012, 4 (2): 218.

［238］ Meyer M H, Seliger R. Product Platforms in Software Development ［J］. Sloan Management Review, 1998, 40 (1): 61.

［239］ Nair, H., Chintagunta, P., & Dube, J. Empirical analysis of indirect network effects in the market for personal digital assistants ［J］. Quantitative Marketing and Economics, 2004, 2 (1): 23 – 58.

［240］ Noordwijk M A V, Schaik C P V. The effects of dominance rank and group size on female lifetime reproductive success in wild long-tailed macaques, Macaca fascicularis ［J］. Primates, 1999, 40 (1): 105 – 130.

［241］ Ondrus J. Trends in Mobile Application Development ［J］. Mobile Wireless Middleware Operating Systems & Application, 2009: 55 – 64.

［242］ Park S. Quantitative Analysis of Network Externalities in Competing Technologies: The VCR Case ［J］. Review of Economics & Statistics, 2004, 86 (4): 937 – 945.

［243］ Parker G G, Alstyne M W V. Two – Sided Network Effects: A Theory of Information Product Design ［J］. Management Science, 2005, 51 (10): 1494 – 1504.

［244］ Pon B, Seppälä T, Kenney M. Android and the demise of operating system-based power: Firm strategy and platform control in the post – PC world ［J］. Telecommunications Policy, 2014, 38 (11): 979 – 991.

［245］Rochet J, Tirole J. Platform Competition in Two-sided Markets ［J］. Journal of the European Economic Association, 2011, 1 (4): 990 – 1029.

［246］Rochet, J., & Tirole, J. Two-sided markets: Where we stand ［J］. Rand Journal of Economics, 2006, 37 (3): 645 – 666.

［247］Rysman M. Competition Between Networks: A Study of the Market for Yellow Pages ［J］. Review of Economic Studies, 2004, 71 (2): 483 – 512.

［248］Rysman M. The Economics of Two – Sided Markets ［J］. Journal of Economic Perspectives, 2009, 23 (3): 125 – 143.

［249］Robinson P. Route – N – consistent semiparametric regression ［J］. Econometrica, 1988.

［250］Romer P M. Endogenous technological change ［J］. Journal of Political Economy, 2010, 98 (5).

［251］Romer, P. M. Endogenous technological change ［J］. Journal of Political Economy, 1990, 98 (5): S71 – S102.

［252］Smith R, Sharif N. Understanding and acquiring technology assets for global competition ［J］. Technovation, 2007, 27 (11): 643 – 649.

［253］Saloner, G., & Shepard, A. Adoption of technologies with network externalities: An empirical examination of the adoption of automated teller machines ［J］. Rand Journal of Economics, 1995, 26: 479 – 501.

［254］Schmalensee R. Payment Systems and Interchange Fees ［J］. Journal of Industrial Economics, 2002, 50 (2): 103 – 122.

［255］Shan W, Walker G, Kogut B. Interfirm Cooperation and Startup Innovation in the Biotechnology Industry ［J］. Strategic Management Journal, 1994, 15 (5): 387 – 394.

［256］Stock, J. Units roots, structural breaks, and trend. In R. Engle, & D. McFadden (Eds.), New York: Elsevier, 1994.

［257］Stock J H, Watson M W. A Simple Estimator of Cointegrating Vectors in Higher Order Integrated Systems ［J］. Econometrica, 1993, 61 (4): 783 – 820.

［258］Stock J, 马克 · W. 沃森. Introduction to econometrics / 2nd ed ［M］. 上海: 上海人民出版社, 2007.

［259］Stremersch S, Tellis G J, Franses P H, et al. Indirect Network Effects in New Product Growth ［J］. Journal of Marketing, 2007, 71 （ERS – 2007 –019 – MKT）: 52 – 74.

［260］Solow R M. Technical Progress, Capital Formation, and Economic Growth ［J］. American Economic Review, 1962, 52 （2）: 76 – 86.

［261］Triplett J E. Price and Technological Change in a Capital Good: A Survey of Research on Computers ［J］. 1989.

［262］Teece D J. Profiting from technological innovation: Implications for integration, collaboration, licensing and public policy ［J］. Research Policy, 1986, 15 （6）: 285 – 305.

［263］Venkatesh Shankar B L B. Network effects and competition: An empirical analysis of the video game industry, 2002, Strategic Management Journal, forthcoming ［J］. Strategic Management Journal, 2003, 24 （4）: 375 – 384.

［264］Vogelstein F. Dogfight: how Apple and Google went to war and started a revolution ［M］. Sarah Crichton Books/Farrar, Straus And Giroux, 2013.

［265］Vrande V V D, Jong J P J D, Vanhaverbeke W, et al. Open innovation in SMEs: Trends, motives and management challenges ［J］. Technovation, 2009, 29 （6）: 423 – 437.

［266］Wong P C. The Fiscal Stimulus Program and Problems of Macroeconomic Management in China ［J］. British Journal of Nutrition, 2011, 48 （1）: 1561 – 1575.

［267］West J, Mace M. Browsing as the killer app: Explaining the rapid success of Apple's iPhone ［J］. Telecommunications Policy, 2010, 34 （5）: 270 – 286.

［268］White, A., Abel, J., Berndt, E., & Monroe, C. Hedonic price indexes for personal computer operating systems and productivity suites ［J］. National bureau of economic research working paper 10427, 2004.

［269］W. T. Lin, B. B. M. Shao. Assessing the input effect on productive efficiency in production systems: the value of information technology capital ［J］. International Journal of Production Research, 2006, 44 （9）: 1799 – 1819.

[270] Yin P L, Davis J P, Chhabra Y. Entrepreneurial Innovation: Killer Apps in the Iphone Ecosystem [J]. Social Science Electronic Publishing, 2014, 104 (5): 255 –259.

[271] Yoshihara, Ken-ichi. Limiting behavior of U – statistics for stationary, absolutely regular processes [J]. Probability Theory & Related Fields, 1976, 35 (3): 237 –252.

[272] Yongcheng, Z. , Meixiang, H. and Dongdong, H. Knowledge capacity and the process types of open innovation, paper presented at the 2010 International Conference on Information Networking and Automation (ICINA).

[273] Yun, J. – H. J. Open Innovation Business Foundation Policy Management Theory [J]. Book & World. Seoul, 2010.

[274] Yun, J. – H. J. and Mohan, A. V. Exploring open innovation approaches adopted by small and medium firms in emerging/growth industries: case studies from Daegu – Gyeongbuk region of South Korea. International Journal of Technology [J]. Policy and Management, 2012, 12: 1 –19.

[275] Yun, J. – H. J. and Ryu, G. – W. A study on the difference of open innovation effect between modular and non modular firms in Korea [J]. Asia Pacific Journal of Entrepreneurship and Innovation, 2012, 6 (2): 51.

[276] Nonaka, I. and Takeuchi, H. The Knowledge – Creating Company: How Japanese Companies Create the Dynamics of Innovation [M]. New York: Oxford University Press, 1995.

[277] Prahalad C K, Hamel G. The Core Competence of the Corporation [M] //Strategische Unternehmungsplanung – Strategische Unternehmungsführung. Springer Berlin Heidelberg, 2006: 275 –292.

[278] Teece D J. Dynamic capabilities and strategic management [M] // Dynamic capabilities and strategic management: Oxford University Press, 2009: 509 –533.

[279] Kogut B, Zander U. Knowledge of the firm, combinative capabilities, and the replication of technology [J]. Organization Science, 1992, 3 (3): 383 –397.

[280] Grant R M. Toward a knowledge-based theory of the firm [J]. Strategic Management Journal, 2015, 17 (S2): 109 – 122.

[281] Spender, J. – C. Making knowledge the basis of a dynamic theory of the firm [J]. Strategic Management Journal, 2015, 17 (S2): 45 –62.

[282] Grenadier S R, Weiss A M. Investmentin technological innovations: An option pricing approach [J]. Social Science Electronic Publishing, 1998, 44 (3): 397 –416.

[283] Boudrreau, K. Open Platform Strategies and Innovation: Granting Access vs. Devolving Control [J]. Management Science, 2010, 56 (10): 1849 – 1872.

[284] Chesbrough H. The Era of Openning Innovation [J]. MIT Sloan Management Review, 2003, 44 (3): 35 –41.

[285] Chesbrough, H. W. Open Innovation: The New Imperative for Creating and Profiting from technology. Boston: Harvard Business Scholl Press, 2003.

[286] Google Inc. Annual Financial Report for 2011. http://investor. google. com.

[287] Arora A. Licensing Tacit Knowledge: Intellectual Property Rights and the Market for Know – How [J]. Economics of Innovation and New Technology, 1995, 4 (1): 41 –60.

[288] Chatterji D. Accessing External Sources of Technology [J]. Research Technology Management, 1996, 39 (2): 48.

[289] Hung K – P, Chou C. The Impact of Open Innovation on Firm Performance: The Moderating Effects of Internal R&D and Environmental Turbulence [J]. Technovation, 2013, 33 (10): 368 –380.

[290] Birley S. The Role of Networks in the Entrepreneurial Process [J]. General Information, 1985 (1): 107 –117.

[291] Dubini P, Aldrich H. Personal and Extended Networks are Central to the Entrepreneurial Process [J]. Journal of Business Venturing, 1991, 6 (5): 305 –313.

[292] Clarke K, Ford D, Saren M. Company Technology Strategy [J].

R&D Management, 1989, 19 (3): 215 – 229.

[293] Phiipp H. Open and Closed Innovation: Different Cultures for Different Strategies [M]. Germany: Springer Gabler, 2008.

[294] Wilbon A D. An Emprical Investigation of Technology Strategy in Computer Software Initial Public Offering Firms [J]. Journal of Engineering and Technology Management, 1999, 16 (2): 147 – 169.

[295] Asakawa K, Nakamural H, Sawada N. Firms' Open Innovation Policies, Laboratories' External Clooaboration, and Laboratoties' R&D Performance [J]. R&D Management, 2010, 40 (2): 109 – 123.

[296] Ballon P, Heesvelde E V. Platform Types and Regulatory Concerns in European ICT Markets [J]. Social Science Electronic Publishing, 2010.

[297] Rysman M. The Economics of Two-sided Markets [J]. Journal of Economic Perspectives, 2009: 23.

[298] Armstrong M. Competition in Two – Sides Markets [J]. Working Paper, 2004.

[299] Hagiu A. Merchant or Two – Sided Platform? [J]. Working Paper, 2006.

[300] Chakravorti S, Roson R. Platform Competition in Two – Sided Markets: The Case of Payment Network [J]. Federal Reserve Bank of Chicago, 2004.

[301] David S. Evans. Some Empirical Aspects of Multi – Sided Platform Industries [J]. Review of Network Economics, 2005, 3 (2): 191 – 209.

[302] Hsiao, C., H. S. Ching, S. K. Wan. A Panel Data Approach for Program Evaluation—Measuring the Benefits of Political and Economic Integration of Hong Kong with Mainland China [J]. Journal of Applied Econometrics, 2012, 27: 705 – 740.

[303] Ouyang, M., Y Peng. The Treatment-effect Estimation: A Case Study of The 2008 Economic Stimulus Package of China [J]. Journal of Econometrics, 2015, 188: 545 – 557.